小川真吾――著
特定非営利活動法人テラ・ルネッサンス理事長

ぼくらのアフリカに戦争がなくならないのはなぜ？

合同出版

もくじ

◎この本を読まれるみなさんへ

「ぼくは、母親を殺せと命令された」

８年前、ウガンダ北部で出会った元子ども兵士（当時17歳）から聞いた言葉です。その翌年から、私はウガンダに駐在し、元子ども兵の支援活動をつづけてきました。

障害をもった元少年兵は大工職人になる夢を語り、元少女兵は強制結婚で産まされた赤ん坊を抱えながら、洋裁店を開く夢を語りました。これまで１４９名の元子ども兵がテラ・ルネッサンスが運営する施設で自立に向けて歩んできました。７年が経ち、全員が衣食住を満たすだけの収入を得て生活できるようになりました。

しかし、私自身、「これで問題は解決するのか？」という疑問を禁じ得ませんでした。紛争がつづくかぎり、いつまでたっても被害者が生み出されるからです。木工の技術を学んで大工になった元少年兵が、ある時、涙を流しながら作業をしていました。「子ども用の棺おけを作るときは、悲しくて涙が止まらなくなる」というのです。こんな話を聞くたびに、根本的に紛争をなくすために、私は何をすべきなのか、ということを考えさせられました。

アフリカの紛争の原因は、アフリカの中だけにあるのではなく、歴史的な背景や先進国の利害と深い関わりをもっています。私は「なぜ、アフリカで紛争がつづいているのか」ということを、紛争被害者と接してきた経験から、多くの方々に伝えたいと思うようになりました。これが本書を執筆するきっかけです。

本書が、一人でも多くの方がアフリカに関心をもっていただくきっかけになれば幸いです。

小川真吾

アフリカは平和の大地だった
——日本のみなさんへのメッセージ

かつて、わたしたちの村は平和でした。

人と自然、人と人はつながっていました。

過去と未来はつながっていました。

その「つながり」は消え去ってしまったのです。

すべての始まりは、白人がこの村にやって来た頃
白人はわたしたちのことを「野蛮人」と呼び、
白人はわたしたちに「文明」を与えてくれました。
わたしたちはわたしたちを「劣っている」と思いはじめました。

わたしたちは、白人の「教え」を学び、
人が自然を、人が人を支配できると思うようになりました。

未来の世代より、今の世代の幸せを考えるようになりました。

「お金」があれば幸せになれると思い、

「お金」のために働き、

「お金」のために森を切り、

「お金」のために大地をけずり、鉱石《こうせき》を掘り出しました。

「お金」は一部の村人を豊かにしました。


その村人は、新しい村長になりました。

新しい村長は、白人の衣服をまとい、白人の宗教を信じ、白人の言葉を話し、白人の法律を守り、白人の武器を持ち、白人のやり方で村を治めました。

反対する村人を殺していきました。


武器を手に反抗した村人もいました。

その武器も、白人から渡されたものでした。

そして、
わたしたちの村で戦争がはじまりました。

白人たちは言いました。
わたしたちは民族が「違う」から戦っているのだと。
わたしたちには平和を作る「力」がないから、
それを教えてやるのだと。

どうして、当たり前のことを忘れてしまったのでしょう。
かつて、わたしたちの村では「違う」民族が平和に共存していたことを。
「違う」ことは、争いの種ではなく、喜びの種であったということを。
わたしたちには「力」があることを。
ずっと昔から平和に生きてきた知恵があることを。

ずっと昔から自然の一部として人間が生きてきたことを。

切り離せないものを切り離そうとし、
同じにできないものを同じにしようとする人たちがいます。

アフリカの大地から、東の果てに歩んでいった人びとの子孫よ！
あなたがたの知恵が、いま必要とされています。
あなたがたの行動を、未来が必要としています。

すべての命が安心して生活できることを願って

トシャ・マギー

家族全員が紛争で死亡。現在、NPO法人テラ・ルネッサンスのコンゴ事業担当職員として、紛争被害者を支援している。

この本でとりあげるアフリカの国々

第1章

アフリカの「世界大戦」を生きる子どもたち

コンゴで出会った子ども兵

２００６年、私たち*はコンゴ民主共和国（以下コンゴ）東部の南キブ州を調査活動で訪れていました。そこでは、長い間、激しい戦闘がつづいており、国連平和維持軍*が活動をつづけている最中でした。05年から隣国のウガンダに拠点を設けて、元子ども兵の社会復帰支援をおこなっていた私たちは、ここコンゴでもプロジェクトを展開したいと考えていました。

そこで、マーティン君（仮名）という17歳（当時）の少年に出会いました。マーティン君は12歳のとき、南キブ州で活動する武装勢力*の一つ、「インタラハムウェ*」に誘拐《ゆうかい》され、1年以上にわたって子ども兵として戦ってきたといいます。出会ったときは、軍から逃れ、町に帰ってきて数年経っていましたが、表情はうつろで、時折、鋭い目を向けながら「ぼくはすべての大切な人を失ってしまった」と話していました。

「ぼくは銃をもち、数えきれない人びとを殺さなければ生きていけませんでした。村々の襲撃にも加担しました。逆らえばぼくが大人兵士に殺されたからです。ときどき、麻薬*をあたえられ、気が狂ったように戦いに身を投じました。あたえられた仕事は金鉱山を警備することで、鉱山に近づいてきた政府軍やほかの武装勢力と戦いました。食べものも十分ではありませんでした。つらいことばか

私たち：特定非営利活動法人テラ・ルネッサンス。地雷、小型武器、子ども兵の問題にとりくむ日本のＮＧＯ（非政府組織）。アフリカのウガンダ、コンゴ民主共和国では、元子ども兵の社会復帰支援などをおこなっている（１５９ページ参照）。

国連平和維持軍：国連コンゴ民主共和国ミッション（ＭＯＮＵＣ／現・ＭＯＮＵＳＣＯ）。世界の国連平和維持軍のなかで最大の1万７０００人もの要員がコンゴに配備され、監視活動や武装解除、子ども兵の解放などの任務に当たっている。

南キブ州の武装勢力：コンゴ紛争（第2次内戦）中、南キブ州では主に4つの武装グループ：①「コンゴ民主連合」（ＲＣＤゴマ）、②「ムデゥンデゥ40」、③「マイマイ」、④「インタラハムウェ（のちのルワンダ解放民主軍／ＦＤＬＲの構成母体）」が活動していた。各武装勢力の詳細は、17ページ表参照。

インタラハムウェ：ルワンダの反政府勢力の一つ。ルワンダ大虐殺を引き起こした「開発国民革命運動」（ＭＲＮＤ）のフツ系過激派民兵組織。ルワンダ語で「共に攻撃する者、共に立つ者」の意。

コンゴで出会った元子ども兵たち（2 列目右から 2 番目は筆者）

反乱軍（マイマイ）の子ども兵士たち

麻薬：南キブ州で活動していた４つの武装勢力のうち二つでは、兵士たちに恒常的に麻薬をあたえていた。その一つである「ムデゥンデゥ40」は麻薬の呼び名でもあり、そこからこの武装グループ名が付けられた。

りの毎日でした。唯一の楽しみは、おなじように誘拐されてきた子どもたちと戦闘の合間に『話をすること』でした。でも、そんな仲間も戦闘で死んでしまいました。

町に帰ってきてからも、両親や親戚はぼくを受け入れてくれず、独りぼっちです。すべてを失ってしまいました」

コンゴで、彼のように子ども兵として戦わされてきた人びとは少なくとも3万人以上に上り、そのうちの約1万人は、この南キブ州の出身です。男の子たちは最前線で戦わされ、女の子たちは軍隊で性的な奴隷*にされたり、下働きとして使われる事例がたくさん報告されています。

私たちは、マーガレットさんという20歳（当時）の女性と出会いました。マーガレットさんは、10年前の1996年、反乱軍「コンゴ・ザイール解放民主勢力連合*」に誘拐されました。

「私はキブ湖の小さな島で生まれ、両親と弟と4人で暮らしていました。生活はとても貧しかったのですが、毎日、畑仕事の手伝いをしたり、友だちと遊んだり、楽しい思い出ばかりが残っています。

10歳の時、反政府軍の兵士たちが村にやってきて数百人の子どもたちを一斉に誘拐していきました。私たちは全員、一つの船に無理やり押し込められ、甲板が見えないほどぎっしりと詰め込まれた状態で、軍の基地に移送されました。

性的な奴隷：兵士たちから性的暴力を受け、妊娠するケースもある。国連人口基金によると、コンゴでは、「1998年以降、推定20万人の女性と少女が性的暴力の被害を受けた」（米川正子［2010年］71ページ）といわれている。

コンゴ・ザイール解放民主勢力連合：略称AFDL。コンゴ紛争（第1次内戦）の反政府軍。モブツ政権打倒を目指し、ローラン・カビラ（後に大統領に就任）が指揮した（14ページ参照）。主に4つの勢力から構成されており、カビラ派とルムンバ派を除く二つには、「バニャムレンゲ」と呼ばれるツチ系の人びとが含まれていた。バニャムレンゲは植民地期（19世紀）以前にコンゴ東部（主に南キブ州）に居住していたツチ系住民（コンゴ人）。(René Lemarchand［2009年］9～18ページ)。かれらがコンゴ紛争（第1次内戦）の火蓋を切った。(Thomas Turner［2007年］3～4ページ)

マーガレットさんが誘拐される前に暮らしていた、キブ湖に浮かぶ小さな島

しかし、その船は移送中に転覆《てんぷく》し、乗っていたほとんどの子どもたちが亡くなったり、行方不明になりました。一緒に誘拐された当時9歳だった私の弟も亡くなりました。助かったのは私を含めて36名でした。それから、生き残った私たちは軍の基地で1カ月間訓練を受け、当時の政府軍との戦闘に3カ月以上、駆り出されました。その間に何度となく、大人の兵士から性的な虐待を受けたことは、いまも私の頭から離れません」

彼女たちを誘拐したこの軍には、「7～16歳まで約1万人の子どもたちがいた*」といわれていますが、コンゴではその後もつづく紛争のなかで、数多くの反乱軍が生まれ、子どもたちを連れ去っては兵士にしています。

コンゴで起こった一連の紛争や反乱軍については、後ほどくわしく紹介しますが、コンゴ紛争に関わった全戦闘員の30%が子ども兵士だったとも、コンゴ東部のブニア地区では、03年にヨーロッパの平和維持部隊が配備された際、交戦中の反乱軍の60～75%は子ども兵だったとも報告されています。

コンゴの武装勢力と最前線で対峙《たいじ》した国連平和維持軍の兵士は、「相手がこっちを撃とうとしたって、自分の息子といっていいくらいの子どもは撃てない」「かれらを見るたび、息子を思い出す。ほんとに小さいんだ」と証言しています。私たちの調査でも一番幼い子は8歳で銃をもって戦わされていました。

ここ最近の調査でも、コンゴには約7000人の子ども兵の存在が確認されてい

＊ピーター・W・シンガー［2006年］37～38ページ

コンゴ紛争を戦った8歳の子ども兵

ます*。南キブ州には地雷がたくさん埋められていて、地雷原《じらいげん》*を渡るときは子どもたちを「地雷探知機」代わりに前を歩かせるなどといったことも報告されています。

忘れられた紛争

6ページの地図を見てください。コンゴはアフリカ大陸のほぼ中央に位置し、面積が日本の約6倍あります。アフリカで2番目に大きな国で、ウガンダや南スーダン、ルワンダ、ブルンジなどを含む9カ国と国境を接しています。

コンゴには約6000万人の人びとが住んでいますが、コンゴ東部には手付かずの広大な熱帯雨林が広がっています。小型飛行機で熱帯雨林の上を飛んでみましたが、「アフリカ＝サバンナ」というイメージとはかけ離れた壮大なジャングルが延々と広がっていました。ここには、金やダイヤモンド、石油、銅、スズ、コバルト*、タンタル*など豊富な天然資源が眠っています。

一方、自然の豊かさとは対照的に、この国では、1998年以降、540万人もの人びとが紛争の犠牲になっています。この死者の数は、第2次世界大戦後の紛争で最大です。それにもかかわらず、コンゴの紛争は国際的に注目されることはなく、「忘れられた紛争」ともいわれています。とくに日本ではほとんど関心がもたれませんでした。

たとえば、99年に各国からコンゴに届けられた人道支援の額は、おなじ年、東

＊Child Soldiers Global Report［2008年］

地雷原：地雷が埋設しているとされる場所。南キブ州の地雷原では日本政府の支援を受けて除去活動がはじまっている。

コバルト：超合金、塗料、化学製品、電池、磁石などの工業製品に重宝されるレアメタル（希少金属）の一つ。カッパーベルトと呼ばれる銅山地帯でよく採れ、世界のコバルト生産量のうち約51%はコンゴ民主共和国が占める。(U.S.Department of the Interior, U.S. Geological Survey［2011年］47ページ)

タンタル：パソコンや携帯電話、蓄電器には欠かすことのできないレアメタルのひとつ。2000年当時、コンゴでの生産量は、世界第2位の約130トン。(U.S Department of the Interior, U.S.Geological Survey［2002年］167ページ)

ティモール*に送られた資金の10分の1にすぎませんでした。コンゴ紛争の死亡者数は東ティモールの500倍であるにもかかわらずです。また、日本が99年からの9年間にコンゴに送った緊急支援の総額は、コソボ紛争（死亡者数はコンゴ紛争の540分の1）に対しておこなった、たった1年分に相当する金額でした。*

コンゴでは独立後の動乱（コンゴ動乱*）を経て、65年、コンゴ国軍の参謀総長だったモブツ*が軍事クーデターで大統領に就任します。そしてそのまま31年間、独裁政権がつづいていました。

いまから16年前の96年、ローラン・カビラ*という政治家が先のマーガレットさんも従軍していたコンゴ・ザイール解放民主勢力連合という反政府軍を指揮し、モブツ独裁政権を打倒して大統領に就任しました（第一次内戦）。そして、この反政府軍を支援していた隣国のウガンダとルワンダは、カビラの新政権に大きな影響力をもちました。

ところが、新しく大統領になった、ローラン・カビラは、いままで支援を受けてきたウガンダやルワンダなど外国勢力の思い通りにはならず、これらの勢力を排除しはじめました。ここから、さらなる混乱（アフリカの世界大戦）がはじまったのです（左ページ図参照）。

98年、ルワンダ、ウガンダ、ブルンジの3カ国は、今度はカビラを倒すためにコンゴに攻め入り、コンゴ国内の反政府勢力を味方にとり込みながら、戦闘を激

東ティモール：東南アジアの島国。1999年、国連の主催による国民投票によってインドネシアの占領から解放、2002年に独立。

＊ Virgil Hawkins［2008年］

コンゴ動乱：123ページ参照

モブツ大統領：1930〜97年。コンゴの軍人、元大統領。65年にクーデターによって現コンゴ民主共和国大統領に就任し、国名をザイール共和国に改名。97年、亡命先のモロッコで死去。

ローラン・カビラ：1939〜2001年。コンゴ民主共和国、カタンガ州出身の政治家。1970〜80年代にはムセベニ（現ウガンダ大統領）、カガメ（現ルワンダ大統領）とも交流があった（John F. Clark ed.［2003年］）。1997年、両国の支援を受けてモブツ政権を打倒し、大統領に就任。国名をザイールからコンゴ民主共和国に改名。2001年暗殺され、大統領は息子のジョゼフ・カビラが継いだ。

アフリカの世界大戦の構図

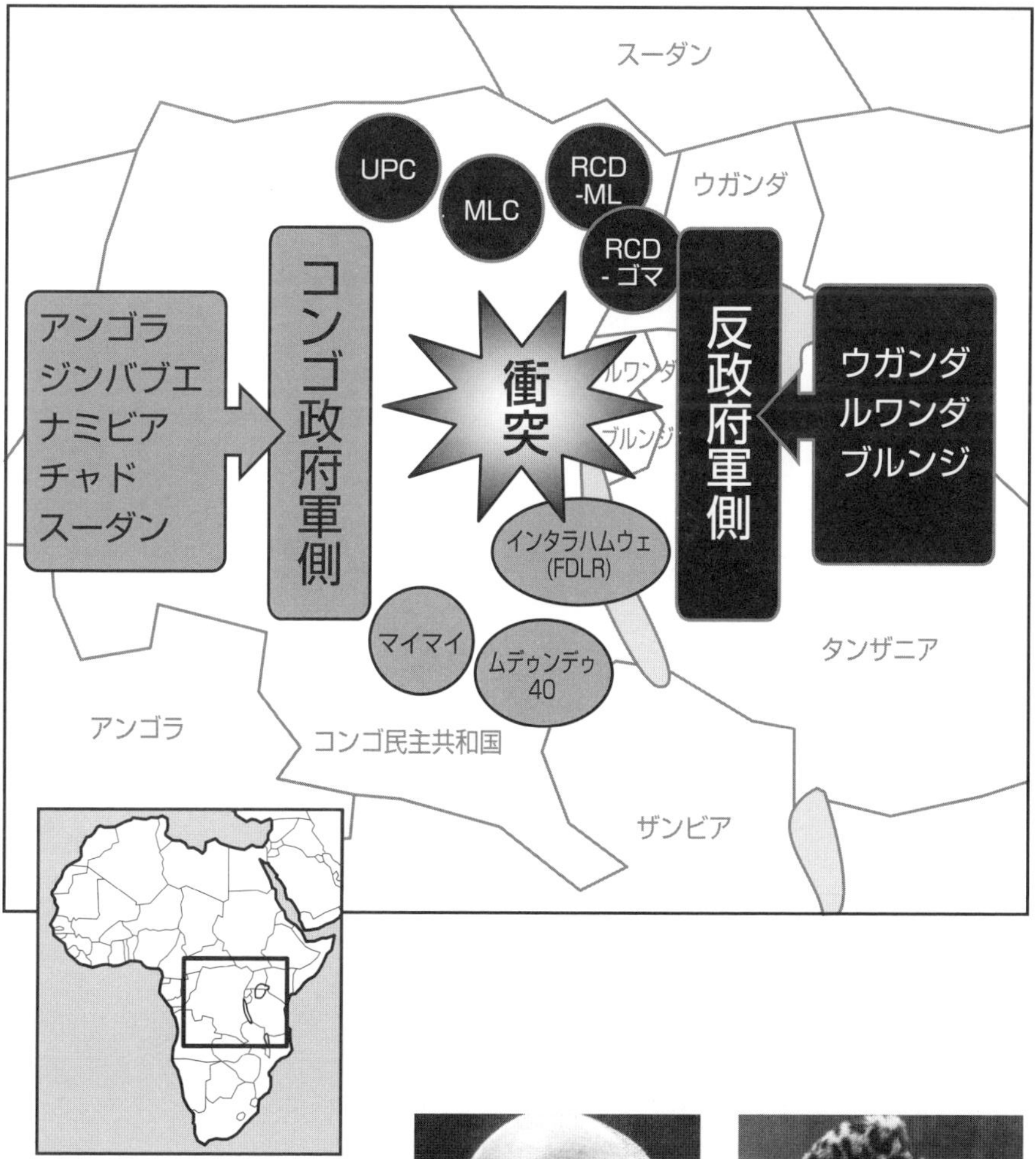

ローラン・デジレ・カビラ
（1939～2001年）

モブツ・セセ・セコ・ンクク・ザ・ワ・バンガ
（1930～97年）

化させていきました。

それに対抗してカビラ（政府軍側）は、ジンバブエやアンゴラ、ナミビア、チャド、スーダンなどの隣国に支援*を呼びかけました。

コンゴのカビラ政権（政府軍）を支援する国々と、反政府軍を支援する国（ウガンダ、ルワンダ、ブルンジ）が衝突し、それぞれの思惑からコンゴ国内の武装勢力に武器や資金が提供されました。多くの子ども兵が駆り出されたコンゴ東部では、反乱軍は分裂や仲間割れを繰り返して、争いを複雑化させていきました。

こうして隣国8カ国以上を巻き込んだ、「アフリカの世界大戦」と呼ばれるほどの大きな第2次紛争に拡大していったのです。

一方、国際社会もコンゴ紛争の解決のための努力をつづけ、2002年12月には、最終的な和平に向けてのプレトリア包括和平合意*が成立します。この和平合意によって、第2次コンゴ紛争が終結したように思えたのですが、じっさいには、その後も、コンゴ東部での戦闘や住民への襲撃がつづき、治安も回復していません。

03年以降もいくつかの停戦合意が結ばれていますが、散発的な戦闘がつづき、08年には、125万人以上が国内避難民となりました。その95%は北キブ州や私たちの活動拠点である南キブ州でしたが、治安の悪化や劣悪な道路状況のために十分に支援活動がおこなわれていませんでした。

隣国の支援：隣国がコンゴ紛争に介入した背景には、自国の安全保障や政治的な要因に加えて、アンゴラは石油、ジンバブエやナミビアはダイヤモンドの採掘権などをめぐる経済的な要因があった。

プレトリア包括和平合意：2002年、プレトリア（南アフリカ共和国）において、反政府勢力の指導者に副大統領統職などの要職をあたえ、対立する各勢力が新政府において権力を分け合う案で成立した合意。

コンゴ紛争（第２次内戦）の主要な武装勢力

名称 【活動開始時期】	支援国	活動地域の 主要な鉱物資源	成り立ち / 特徴
コンゴ民主連合 （RCD- ゴマ） 【1998 年 8 月】	ルワンダ・ ブルンジ	ダイヤモンド、 金、木材、 タンタル、スズ	ローラン・カビラ政権を倒すという一つの目的のためにまとめられた暫定的な反乱軍。拠点をコンゴ領内ではなく、ルワンダ内にもつ。コンゴ住民の支持を得た運動というよりルワンダの利益を代表した集団という側面があった。プレトリア合意において、暫定政権の主要な権力を担い、１人の副大統領職、4 分の 1 の大臣職を得た。
コンゴ民主連合 （RCD- ML） 【1999 年 5 月】	ウガンダ	ダイヤモンド、 金、木材、 タンタル、スズ	RCD - ゴマから分裂して結成された反乱軍。ゴマからキサンガニに拠点を移し、ウガンダの支援を受けるようになった。1999 年 8 月には、RCD-ML（ウガンダ支援）と RCD - ゴマ（ルワンダ支援）との間で、戦闘も発生した。 2002 年 6 月には、さらに分裂し、イトゥリ地方でヘマ人を支持基盤としたコンゴ愛国同盟（UPC）を結成。
コンゴ解放運動 （MLC） 【1998 年 11 月】	ウガンダ	ダイヤモンド、 金、木材	1998 年 11 月、赤道州でチャドの武装勢力への襲撃、略奪があり、そのことで名が知られるようになった。モブツ大統領の支持者でもあった富豪ビジネスマンのベンバ氏によって率いられた反乱軍。内部対立は抑えられていた。
インタラハムウェ （FDLR） 【1994 年以降 （2003 年）】	コンゴ政府軍	ダイヤモンド、 金、木材、 タンタル、スズ	1994 年のルワンダ大虐殺に関わったフツ人主体の民兵組織。旧ルワンダ政府軍やコンゴ領内に主に植民地期に強制移住させられていたフツ系住民や虐殺後のフツ系難民らも加わり（または強制的な徴兵により）、FDLR の前身（Ⅰ／Ⅱ）が結成された。プレトリア合意には参加せず、2003 年に正式に FDLR を結成。現在も南北キブ州を中心に村の襲撃や略奪を繰り返している。
マイマイ 【既存の地方兵士】	コンゴ政府軍	ダイヤモンド、 金、木材、 タンタル、スズ	コンゴ内の地域の防衛部隊、または地方兵士の集まり。プレトリア合意以降、武装解除、動員解除され、政府軍に統合されているが、末端兵士らが生活に必要な給与が支払われていない等の理由から、かつての味方である、FDLR 兵士に銃を流す（売却）などの報告もされている。
ムデゥンデゥ 40 【1997 年】	コンゴ政府軍	ダイヤモンド、 金、木材、 タンタル、スズ	マイマイと同様、地方兵士の集まり。南キブ州で、RCD の攻撃から村々を守るために、地元の政治家の支援を受けて活動していた。一部司令官らがツチ人主体の勢力（AFDL/RCD）側についたことで、分裂して、反 RCD を掲げてムデゥンデゥ 40 が結成された。第 2 次内戦では、マイマイやインタラハムウェらと共に、政府軍側勢力として戦った。

Denis M. Tull［2005 年］, Hans Romkema［2007 年］, Global Witness［2004 年］, Thomas Turner［2007 年］より作成

何のための紛争だったのか

さて、コンゴ紛争（アフリカの世界大戦）までの経緯を簡単に説明してきましたが、そもそも、なぜ、コンゴの周辺国、とくにルワンダやウガンダは、コンゴ紛争に介入したのでしょう？

そして、なぜ、こんなに多数の反乱軍が乱立して、敵になったり、味方になったり、仲間割れしたりして、複雑な紛争がつづいているのでしょうか。

このコンゴ紛争の要因をもう少しくわしく見てみましょう。

おじいさんの「はちみつの伝説」

ルワンダやウガンダなどがコンゴ紛争に介入した表向きの理由は、コンゴ領内にいる自国の反政府勢力を攻撃したいという軍事的な狙いもありましたが、同時に、コンゴ東部にある金やダイヤモンド、希少金属のタンタル、木材などの天然資源を手に入れたいという思惑がありました。

コンゴで知り合ったおじいさんに「なぜ、こんな複雑な紛争がつづいているのですか？」と質問したことがあります。おじいさんは、「紛争は複雑なんかじゃないよ。とってもシンプルなもんだ。一言でいうなら、『単なるハチミツの奪い合い』だよ」といいました。

「ハチミツ？　奪い合い？」と私が首を傾げると、「ハチミツは魅力あるもののたとえだよ」と、こんな話をしてくれました。

「コンゴ村には伝説のハチミツがあった。それを発見した3つの村*の村長は、コンゴ村にいる知り合いを味方につけて、ハチミツを奪い取る武器と戦術をあたえた。それに反発したコンゴ村の村長は、隣村*に助っ人を頼んで、ハチミツを奪い合った。これが、ここで起こった紛争の原因なんだよ」

そして、おじいさんはこう付け加えました。「しかし、ハチミツがほしかったのはアフリカの村長だけではなかった。むしろ、本当にハチミツの魅力に取り付かれていたのは、欧米村の村長たちや商人たちだったんだ。コンゴ村のグループを使って奪い合いをしているうちに、コンゴ村はすっかり分裂してしまった。武器と戦術をより多くあたえてくれる者に従っているから紛争は長期化する。

だから、じつは非常にシンプルなんだ。単にハチミツを奪い合っているだけのことなんだよ」といいました。

おじいさんの話は、コンゴ紛争の本質を端的に物語っています。

じっさいに、紛争がつづいている間、ルワンダやウガンダなどは、コンゴから大量の鉱物資源をもち出しています。1999年、カビラ政権は、これについて国際司法裁判所*に提訴し、国連も両国に対して不法に資源を収奪しているとして勧告を出しました。

3つの村：ルワンダ、ウガンダ、ブルンジ。

隣村：アンゴラ、ナミビア、ジンバブエなど。

国際司法裁判所：国連の常設の国際司法機関。1946年設立、本部はオランダのハーグ。個人や法人には訴訟資格はなく、国家のみが当事者となる。各国家間の紛争を法的に解決することを目的に設立された。

たとえば、ウガンダの金の輸出量は94年には220キログラムでしたが、第2次コンゴ紛争がはじまり、2000年には、約50倍の10・83トンに増えています。同年のウガンダの金の国内生産量は4・4キログラムにすぎません。国内生産量の2400倍以上の金を輸出できるなんて、あり得ないことです。同様に、タンタルの輸出量も第2次紛争前（97年）から、27倍以上（99年）に増え、ダイヤモンドの輸出額は13倍以上（01年）になっています。*

また、コンゴの南キブ州の空港からは、タンタルを載せた飛行機が、毎週、ルワンダの首都キガリへ飛んでいたと報告されています。* じっさい、ルワンダでは、00年までタンタルの生産がほとんど記録されていないにもかかわらず、翌年、急に95トン（同年のコンゴ産タンタルの1・5倍）ものタンタルが生産されたことになっています。*

そして、コンゴから運び出されたタンタルはルワンダに莫大な富をもたらしました。現在、首都キガリには、超高級住宅街ができて、政府高官や外国人が信じられないような豪邸で生活しています。この超高級住宅街は、地元の人びとからは「メルシーコンゴ」（ありがとう。コンゴ）と呼ばれています。コンゴからの（不法な）タンタルのおかげで裕福層の富が築かれた象徴として、こう呼ばれているのです。

もう一つ忘れてはならないのは、おじいさんがいっていた「欧米村の村長や商人」の存在です。コンゴからもち出された資源は、最終的には欧米村の村長や商人

＊吉田栄一［2003年］

＊Global Witness［2004年］

＊U.S.Department of the Interior, U.S. Geological Survey［2003年］169ページ

メルシーコンゴ。コルタン（タンタル）シティーとも呼ばれている高級住宅街（キガリ市）

たちを潤しました。この事情は後で紹介したいと思いますが、資源をめぐる争奪戦を見ていくことが、コンゴ紛争だけでなく、ほかのアフリカの紛争を理解する上でも非常に重要なポイントです。

紛争は「贅沢」と「悲しみ」を残した

コンゴ紛争の原因が資源の奪い合いにあることに間違いありませんが、それだけでコンゴ紛争を説明することはできません。資源をめぐる紛争がはじまるまでの歴史的背景を知る必要があります。

「欧米村の村長や商人」がやって来てからの「歴史」に紛争の土台を作った大きな要因があるからです。そのことは第5章以降で、くわしく紹介しますが、いずれにしても、コンゴ紛争は、資源取引によって莫大な利益を得た一部の者たちの「贅《ぜい》沢《たく》」と、紛争によってすべてを失った圧倒的多数の人びとの「悲しみ」の二つを生み出しました。この「悲しみ」は、コンゴの人口の約半数が15歳以下で占められていることを思うと、子どもたちの悲しみであったともいえるでしょう。私たちもコンゴで、子ども兵の家族と会って話をしましたが、その悲しみや憤りは言葉にできるものではありません。

プレトリア合意以降も激しい戦闘がつづいていた東部コンゴのゴマ市上空から。富裕層の家並み（右側）と手前左の貧困層の地区の違いが上空からもはっきり伺えた

第２章

ぼくたちの村で起こった紛争

冷戦後、世界の紛争で死亡した人びとの、じつに54%が、コンゴを含む、ウガンダやスーダン、ルワンダ、ブルンジなどの中・東部アフリカに集中しています。* そして、ここ最近の紛争で、子ども兵が確認されている国もこの地域に多く分布しています。*

これらの紛争は、「内戦」と呼ばれますが、じっさいには、コンゴ紛争のように、隣国同士が相互に影響を及ぼし合っています。単純に一国内での争いとして捉えることはできません。

この章では、これらコンゴ周辺国（ウガンダ、スーダン、ルワンダ、ブルンジ）で、どのような紛争が起こり、そこに住む子どもたちがどのような状況に置かれてきたのかをみていきたいと思います。

ウガンダの紛争

ウガンダでは1962年にイギリスから独立後、何度も軍事クーデターを繰り返し、その戦いのなかで多くの子どもたちが徴兵されました。現在のムセベニ大統領が政権を取った86年以降も、ウガンダ北部では「神の抵抗軍*」と呼ばれる反政府軍が子どもたちを徴兵しつづけ、6万6000人の子どもたちが兵士として駆り出されました。*

私たちがはじめて、ウガンダ北部を訪れた2004年には、200人以上が一度

＊ Virgil Hawkins［2008年］

中・東部アフリカの子ども兵：2004～07年の間に、世界19カ国で、25万人の子ども兵の存在が確認されているが、そのうちの7カ国は、中・東部アフリカのコンゴ、スーダン、ウガンダ、ブルンジ、中央アフリカ、チャド、ソマリアに集中している。（Coalition to Stop the use of Child soldiers［2008年］）

神の抵抗軍：ムセベニ政権以降、旧政府軍兵士らをとり込みながら、ウガンダ北部のアチョリ地域を中心に活動した反政府軍。指導者のジョセフ・コニー（135ページ参照）は、政府側の人間だけでなく、政府軍に従う同民族のアチョリ人も「魂が汚れている」と主張した。「汚れた魂は浄化する」必要があるとして、1990年代半ば以降、おなじアチョリ人に対しても、虐殺行為を繰り返した。彼は自らに「精霊」が宿っていると主張していたが、そのような考え方の根底には、アチョリの伝統的信仰と植民地期の布教活動が影響していた（第5・6章参照）。（Heike Behrend［1999年］）

＊ Government of Uganda［2007年］

反政府軍の誘拐を恐れ、夜間のみ避難する子どもたち (2005 年撮影)。
彼らは、毎夜、村々から集まり、朝、自宅に戻るため、ナイトコミューター（夜の通勤者）と呼ばれ、数千〜数万人の子どもたちが避難を繰り返していた。

テラ・ルネッサンスの施設建設中に発見された遺体（人骨）を地元の伝統に従って埋葬、供養している様子（ウガンダ北部）

に殺害されるなど政府軍と反政府軍の戦闘が激しくつづいており、現在、拠点を置いているグル県では、「神の抵抗軍」が兵力を補うために子どもを誘拐したり、国内避難民キャンプや村々への襲撃を頻繁におこなっていました。夕刻になると、数千人もの子どもたちが、誘拐されるのを恐れ、一斉に、村々から町の教会やＮＧＯの施設などに夜間のみ避難するという状況でした。

誘拐された子ども兵のなかには、生まれ育った地域で、住民の鼻や唇を切断するといった残虐行為や、自分の親や親戚、友人の殺害を強要された子もいました。

大人兵士は、何も恐れない兵士を仕立て上げ、政府軍に恐怖心を抱かせるためにこのようなことを子どもたちに強要したといわれていますが、それは脱走を防ぐ一つの手段でもありました。地元の村でこのようなことをさせることで、子どもたちは逃げる場所を失くしてしまうからです。

00年以降、多くの子ども兵が政府軍に保護されて、帰還できるようになりましたが、町や村に戻ったあとも、教育の機会を奪われ、身体的、精神的に大きな傷を負った元子ども兵が生活を再建していくことは簡単なことではありませんでした。

私たちは、05年からウガンダ北部で、元子ども兵の社会復帰支援*をつづけていますが、かれら彼女らの多くは、身体的な傷だけでなく、心の問題（ＰＴＳＤ*）

ウガンダの元少女兵が過去の体験を描いた絵。11歳の時に誘拐されて、10年近く軍に拘束された彼女は、誘拐時に両親が目の前で殺されたことが忘れられず、未だに昔のことを思い出して何も手に付かなくなることがあるという。

元子ども兵の社会復帰支援：くわしくは『ぼくは13歳職業、兵士。』（合同出版）を参照

ＰＴＳＤ：心的外傷後ストレス障害。06年の調査では、「ウガンダ北部の紛争で帰還した子ども兵の97％がＰＴＳＤの症状であると診断され、帰還後、数年が経過したばあいでも多くがＰＴＳＤまたはそれに似た症状を示している」と報告されている。(Derluyn I. et Al［2004年］)

テラ・ルネッサンスが運営する元子ども兵社会復帰支援センター。
大人兵士との強制結婚によって生まれた子どもを連れて帰還した元少女兵や、
コンゴ北東部の戦闘から帰還した元少年兵たちが職業訓練に取り組んでいる（2010 年撮影）

ウガンダで起こった主要な政変と紛争

1962年：イギリスから独立
1966年：ミルトン・オボテが大統領に就任
1971年：イディ・アミンが軍事クーデターにより大統領に就任
1979年：タンザニアとの戦争に敗れ、イディ・アミン大統領失脚
1980年：ミルトン・オボテが再度、大統領に就任
1981年：現・ムセベニ大統領が率いた国民抵抗軍が反政府活動を開始
1986年：国民抵抗軍が政権を奪取し、ムセベニが大統領に就任→旧政府（オボテ）軍などが北部に追いやられ反政府軍を結成
1988年：ムセベニ政権と北部の反政府勢力の間で停戦協定が結ばれ、多くの反政府兵士は投降し、政府軍に統合される→一方、ジョセフ・コニー（「神の抵抗軍」の指導者）など一部は、そのまま武装闘争を継続
1994年：ウガンダ政府と「神の抵抗軍」との和平交渉が決裂
2006年：政府軍と「神の抵抗軍」が停戦合意
2007年以降：「神の抵抗軍」がコンゴなど隣国に拠点を移し、隣国でゲリラ活動を継続

や、経済的な問題、また、近隣住民からは加害者として非難されるなどさまざまな問題を抱えていました。

06年8月に、停戦合意が結ばれ、ウガンダ北部の治安は安定するようになりましたが、その後、「神の抵抗軍」は、コンゴ北東部などの隣国に拠点を移して、そこで新たに子どもの誘拐や、住民への虐殺行為を繰り返しています。

スーダンの紛争

スーダンは、1956年にイギリスから独立しましたが、その前年から、第1次内戦がはじまりました。この内戦は72年までつづき、そのなかで50万人もの人びとが命を失ったといわれています*。内戦終結後、南部地域が自治を認められましたが、11年後の83年、スーダン人民解放軍*が結成され、南北間の争い（第2次内戦）が再発します。

この紛争は、コンゴに次ぐ規模の大きさで、200万人の命を奪い、400万人が避難生活を余儀なくされました。そして、これらの紛争で兵士として徴兵された子どもの数は、10万人にも上るといわれています*。

スーダンでの南北間の紛争は、北部にアラブ系住民（主にイスラム教徒）、南部に黒人系住民（主にキリスト教徒）が多く居住していることから、民族や人種、宗教の違いが原因になっているとよくいわれますが、じっさいにはそれほど

＊ Edgar O'balance［2007年］

スーダン人民解放軍（SPLA）：1983年に結成され、22年にわたる武装闘争をつづけたスーダン南部の反政府軍。90年代、アメリカ、ウガンダなどの支援を受けて、勢力を増強。2011年、独立が承認され、南スーダン共和国の政権与党および正規軍となった。

＊ピーター・W・シンガー［2006年］

＊ UNOCHA［2010年］

スーダンで起こった主要な政変と紛争
1955年：第1次内戦が勃発
1956年：イギリスから独立
1972年：第1次内戦終結
1983年：第2次内戦勃発。南部地

シンプルな構図ではありませんでした。

とくに第2次内戦は、南北間の経済格差や、南部で発見された油田の利権をめぐる争いなど、経済的な要因が深く関わっていました。

２０００年代に入り和平交渉が進み、05年に和平合意が結ばれ、南北間の争いは一応の終結を迎えました。しかし、03年頃から西部のダルフール地方で地元住民の虐殺などがつづき、30万人が死亡したと伝えられています*。

そして、11年に南スーダンは独立を果たしましたが、その後も南北間で断続的な戦闘がつづき、１０００人単位の死亡者が発生していますし、独立を果たし南スーダンの政府軍となったＳＰＬＡには、いまだに多くの子ども兵が徴兵されています。

ルワンダの紛争

ルワンダは１９６２年にベルギーから独立しますが、その3年前から植民地時代に虐げられていた多数派「フツ人*」の反乱が起こっていました。そして、ベルギーに優遇され、支配者層に置かれていた少数派「ツチ人」は、フツ人からの報復を恐れて隣国のウガンダやコンゴに難民*として逃れました。

ウガンダにたどり着いたツチ人やその子どもたちは、80年代、当時、ウガンダの反政府軍だったムセベニ（現・ウガンダ大統領）が率いる国民抵抗軍*の兵士と

域を基盤にしてジョン・ガランがＳＰＬＡ（スーダン人民解放軍）を結成

１９８９年：アル・バシール大統領の軍事政権誕生

２００３年：ダルフール紛争が勃発

２００５年：第2次内戦終結。ＳＰＬＡと北部政府は、南北包括和平合意に署名し、南部独立が6年後の国民投票で決められることになる。一方、ダルフール紛争は深刻化していく

２０１１年：南スーダンが分離独立↓その後も、南北国境付近やダルフール地方では局地的な戦闘が継続

フツ人とツチ人：アフリカ中央部のルワンダとブルンジを中心に居住。おなじ言語を共有し、両国ともに人口の約8割強をフツ人が占めている。もともとフツは農耕、ツチは牧畜を営む。少数派のツチ人がかつての王国（ルワンダ王国、ブルンジ王国）の支配層にいた。一方、植民地期に入るまでは、王国全域で両者が、その違いを明確に自覚していたわけではない。日本では「フツ族」「ツチ族」と表記されることが多いが、本書ではツチ人（Tutsi people）、フツ人（Hutu people）と表記する。

ツチ難民：１９５９～63年。15万人がウガンダやコンゴなど隣国に流入した。彼らに対しても「バニャムレンゲ」（10ページ参照）という呼称が使われた。（René

して戦いました。そして、ムセベニが政権を取ってからは、〝ウガンダ政府〟のなかで主要なポストに就いたのです*。かれらは、ウガンダでツチ人主体の武装勢力（ルワンダ愛国戦線*）を結成し、90年に故郷ルワンダに舞い戻り、紛争を仕掛けていったのです。これがルワンダ内戦のはじまりです。

この内戦は、94年、数カ月のうちに50万人以上もの死者を出す大虐殺（ジェノサイド）を引き起こしました。ジェノサイドを主導したルワンダのフツ政権とその民兵組織（インタラハムウェ*）は、ツチ人だけでなく、虐殺を支持しない同胞のフツ人も殺害しました。

フツ政権の影響下にあったラジオ放送は、「小さい連中も忘れるな」などと虐殺を煽り立て多数の子どもたちが虐殺されました。逆に、ジェノサイドに加担した側にも子どもたちが多数いました。じっさい、「ある更生収容所には未成年の大量虐殺実行犯、約486人が収容されていた」と報告されています*。つまり、虐殺当時、18歳にも満たない多数の子どもたちがこの虐殺に関わったと考えられます。

このジェノサイドから10年経った2004年4月、私たちは、虐殺のあったニャマタ教会を訪れました。そこには、数週間前に見つかったというミイラ化した遺体が並べられており、虐殺当時の血の滲んだ衣服や無数の頭蓋骨が、そのまま保存されていました。訪問者は犠牲者の冥福を祈り、町中では10周年の追悼式典が開催されていました。

Lemarchand［2009年］36ページ）

国民抵抗軍：NRA。1981年結成。結成時には、のちのルワンダ大統領ポール・カガメ（105ページ）もメンバーだった。

＊E.D. Mushemeza［2007年］

ルワンダ愛国戦線：略称RPF。ルワンダからウガンダなどに亡命していたツチ人らが1987年に結成。RPFの指導者フレッド・ルウィゲマは、ウガンダ政府軍の少将を務め、自らもウガンダ人であると名乗っていた。彼の死後、ポール・カガメ現ルワンダ大統領（105ページ参照）がRPFの指導者となり、90年にルワンダに侵攻し、94年、ルワンダのフツ政権を打倒。RPFには、後にコンゴ紛争で結成されるコンゴ民主連合（RCD）（17ページ参照）のメンバーも含まれていた。（E.D. Mushemeza［2007年］）

インタラハムウェ：8ページ参照

＊ピーター・W・シンガー［2006年］

1994年のジェノサイドで亡くなった人びとの人骨が教会の地下に保管されていた（ニャマタ教会）

2004年、ルワンダのジェノサイドから10年目に発見されたミイラ化した遺体（ニャマタ教会）

その5年後に訪れたときも、「ジェノサイドを忘れないように」と15周年のイベントや式典が国中でおこなわれており、その最中、泣き崩れ、呼吸困難になって救急車で運ばれていく女性を何人も見ました。そのなかには20代の女性もいました。おそらく10歳にも満たない時期にジェノサイドを経験したのでしょう。

大虐殺から10年、15年と月日が流れても、その悲劇に遭遇した人びとは、そのことを、まるで昨日のことのように思い出し、悲しみや苦しみを抱えている姿にショックを受けました。

94年のジェノサイド後、ウガンダからやって来たルワンダ愛国戦線が、正式なルワンダ政府となり、旧政府軍のフツ人やその民兵たちは、隣国のコンゴへ逃亡していきました。以降、ルワンダでの治安は落ち着いていますが、ツチ人とフツ人の対立や虐殺行為が終わったわけではありません。このことは第8章でくわしくお話ししたいと思います。

ブルンジの紛争

ブルンジでも、ルワンダ同様、多数派の「フツ人」と少数派の「ツチ人」が暮らす民族構成で、両者の対立が長年つづいています。

独立後、ルワンダでは多数派のフツ人が政権に就いたのに対して、ブルンジでは少数派のツチ人が、植民地期からの構造を引き継いで支配をつづけました。

ルワンダで起こった主要な政変と紛争

1959年：フツ人の反乱（フツ革命）→ツチ系住民が難民としてウガンダやコンゴなど隣国へ大量に亡命

1962年：ベルギーから独立→グレゴワール・カイバンダ（フツ系）が大統領に就任

1973年：ジュベナール・ハビャリマナ（フツ系）将軍が大統領に就任

1987年：ルワンダ愛国戦線（RPF、ツチ系反政府勢力）がウガンダで結成

1990年：ルワンダ内戦が勃発（RPFがウガンダからルワンダへ侵攻）

1994年：大虐殺（ジェノサイド）が発生し50万人以上が虐殺される→ルワンダ愛国戦線（RPF）によるルワンダ新政権が誕生

1996年：ルワンダ新政権がコンゴ東部に侵攻（コンゴ第1次紛争）

1998年：ルワンダ新政権がコンゴ東部に侵攻（コンゴ第2次紛争）

2000年：ポール・カガメが大統領に就任

2010年：ポール・カガメ大統領が再選

それに対して、１９７２年にフツ人の反乱が起こりますが、それに対する報復で、ツチ政権は、20万人ものフツ人（民間人）を数カ月間のうちに虐殺しました。その後も、88年には約5万人のフツ人が虐殺され、多くのフツ難民が隣国に逃れていきました＊。

一方、ルワンダの大虐殺（ジェノサイド）とは対照的に、ブルンジでのジェノサイドは、ほとんど国際社会に知られていません。ルワンダのようにジェノサイドの悲劇が、テレビや新聞、映画で描かれることもなければ、追悼イベントが大々的に開催されることもありません。私たちがブルンジで出会ったフツ系武装勢力の元兵士は、「ブルンジのジェノサイドを取り上げることは、ムズング（白人）にとって何のメリットもなかった。だから、ルワンダのように、大きく取り上げられることはなかったのだろう」と話していました。

ブルンジでは、独立後から長年、少数派のツチ人の軍事的な弾圧に対する、フツ人の抵抗がつづいてきましたが、93年、ようやく民主的な選挙がおこなわれ、フツ人のンダダイエ大統領が民衆によって選出されました。

しかし、そのンダダイエ大統領が、就任の4カ月後、軍部のツチ人によって殺害されたことが引き金になり、ブルンジ内戦の火蓋が切られました。さらに、その翌年、再度、フツ人のンタリャミラ大統領が、ルワンダの大統領とともにミサイル攻撃を受けて殺害されました。この両国のフツ系大統領の殺害は、ルワンダでのジェ

＊René Lemarchand［２００９年］、Richard Barltrop［２００８年］15ページ

ブルンジで起こった主要な政変と紛争

１９６２年：ベルギーからブルンジ王国として独立
１９６６年：ミシェル・ミコンベロ首相（ツチ系）が、クーデターで王政を廃止し、大統領に就任
１９７２年：ジェノサイドが発生し、20万人のフツ人知識層が虐殺される
１９８７年：ピエール・ブヨヤ（ツチ系）が大統領就任
１９８８年：ジェノサイドが発生し、フツ人5万人が虐殺される
１９９３年：メルシオル・ンダダイエ（フツ系）が大統領に就任直後、殺害

ノサイドの引き金となると同時に、ブルンジでも内戦を激化させました。93～94年の間に、5万～10万の人びとが命を失い、40万人のフツ人が難民として国外に逃れました。

その後も、内戦はつづき、けっきょく、ブルンジ内戦は30万人の死者を出しました。* 内戦中「最大1万4000人の子どもたちが戦っており、その多くがわずか12歳前後」だったともいわれています。ブルンジのある司令官は、「ブルンジでは子どもたちは、ハエのように殺されていった」と戦闘当時のことを回想しています。*

2000年代に入り、ブルンジでも和平交渉が進んでいきますが、なかなかそれが実施に移されず、襲撃や戦闘がつづきました。09年になって、ようやく反政府軍の武装解除が進み、治安も回復に向かいつつあります。

紛争の犠牲になるのは女性と子どもたち

アフリカの村々で起こったジェノサイドや紛争の形態は複雑でさまざまです。しかし、すべてに共通していえることは、犠牲者は民間人であるということです。なかでももっとも被害を受けているのは女性や子どもたちです。

第1次世界大戦では、民間人の死傷者は全体の10％にも満たなかったのが、第2次世界大戦では50％近くに上昇し、その後、20世紀後半に入ってからアフリカ

される→ブルンジ内戦勃発
1994年：シプリアン・ンタリャミラ（フツ系）が大統領に就任直後、殺害される→内戦が激化
1996年：軍事クーデターでピエール・ブヨヤが再度、実権を握る
1998年：ピエール・ブヨヤが暫定大統領就任→ルワンダ、ウガンダとともにコンゴ紛争に介入
2003年：暫定政府と反政府勢力（民主防衛軍：FDD）が和平合意に署名
2005年：ンクルンジザ（フツ系）が大統領に就任
2006年：反政府軍（国民解放軍：FNL）との包括的停戦合意
2010年：ンクルンジザ大統領が再選

＊レイチェル・ブレット、マーガレット・マカリン［2002年］86ページ

＊ René Lemarchand［2009年］、Richard Barltrop［2008年］15ページ

で起こっている紛争では、死者の92％が民間人です。

そして、冷戦後、世界で起こった紛争では、２００万人の子どもが命を失い、６００万人の子どもが障害や重症を負っています。* この10年間、絶え間なく、３分間に１人の子どもが手足を失ったり、大けがを負っているのです。

これまで述べてきた、アフリカ中東部の紛争で命を失った人の数は１０００万人近くに上ります。下の表を見てください。そのなかでも、兵士として徴兵された子どもの数は、20万人を優に超えます。しかし、これらはじっさいに起こったすべての紛争の犠牲者の数を網羅できているわけではありません。とくに子ども兵は、「見えない兵士*」ともいわれ、表に出てくる数字以上が、じっさいに存在していると考えられます。

紛争が発生すると、多くの人びとが、その土地を逃れて国内外へ避難を余儀なくされます。避難民キャンプではいままでどおりに仕事をつづけることも、農業をしていた人びとは、畑を耕すこともできなくなります。水や食料、薪など生きていくために必要最低限のものを手に入れることや、病気になっても治療を受けることも薬を手に入れることも困難になってしまいます。そこで、もっとも危険にさらされるのは、妊娠中の女性や抵抗力の弱い新生児や５歳未満の幼児たちです。

たとえば、２００５年にウガンダ北部では、人口の約９割、１８０万が国内避

＊ピーター・W・シンガー［２００６年］16ページ

見えない兵士：くわしくは『ぼくは13歳　職業、兵士。』（合同出版）を参照。

アフリカ中東部の主要な戦争における死亡者数と子ども兵の数

国名	死亡者数（時期）	子ども兵の数
コンゴ	540万人（1998年以降）：２次内戦	3万人（元少女兵除く）
ウガンダ	10万人（1986～2006年）北部紛争	6万6000人 （神の抵抗軍のみ）
スーダン	50万人（1955～1972年）１次内戦 200万人（1983～2005年）２次内戦 30万人（2003～2010年）ダルフール紛争	10万人 （南北内戦のみ）
ルワンダ	50万人（1994年）ジェノサイド	不明
ブルンジ	20万人（1972年）ジェノサイド 5万人（1988年）ジェノサイド 30万人（1993年以降）ブルンジ内戦	1万2000人 （1993年内戦）
	計　935万人	**20万8000人**

難民になりましたが、毎週１０００人が紛争の影響で死亡し、そのうちの約３分の1は5歳未満の子どもたちでした*。

主な死亡要因は下痢や気管支炎などの予防もしくは治療可能な病気でしたが、もっとも多い死亡要因はマラリアという感染症でした。

マラリアは、ごく微細な単細胞生物であるマラリア原虫が赤血球に侵入することで感染します。原虫を媒介する蚊に刺されて発症すると高熱、頭痛、関節痛などの症状が出て、放っておくと脳に障害が残ったり、死に至ることもある恐ろしい感染症です。世界では毎年約１００万人の人びとがマラリアによって命を落とし、そのうちの9割以上はサハラ砂漠以南のアフリカで起こっています。

私自身も6年以上のアフリカ生活で4度、マラリアに感染していますが、夜になるとマラリア原虫が体のなかで騒ぎ出すのがわかります。高熱と頭痛で眠れず、朝になると熱が下がるのでホッとするのですが、また夜になると40度を超える熱が襲ってくるという繰り返しです。まるで一日のうちに地獄と天国を行き来しているような感じでした。

しかも、日を追うごとに吐き気や頭痛はひどくなり、食欲も落ち、体力もなくなっていきます。幸い、私のばあいは、病院で治療を受けることもできましたし、十分な栄養も摂取できる環境にありましたので、4度とも1週間程度でほぼ完治しました。

＊ Government of Uganda［２００７年］

しかし、大多数の現地の人は、医者に診てもらうことも、日本円で５００円程度の治療薬を買うお金もないために脳に障害を負ったり、命を落としたりしているわけです。紛争下のウガンダ北部で亡くなったじつに約25％がマラリアによるものだったといわれています＊。

次ページの写真に写っているリリアン（仮名）は私たちの施設にやって来た元少女兵ですが、彼女が抱えている赤ん坊もマラリアで亡くなりました。この写真を撮ったのは支援を開始する直前で、数日後に彼女と会ったときには、この子はいませんでした。

亡くなった子どもは彼女が11歳のときに誘拐された後、強制的に結婚させられて、大人兵士との間にできた子どもでしたが、彼女は「自分にとっては、かけがえのない子ども。いまの私にとっての希望だ」と、私たちの聞き取り調査に答えていました。その後、彼女が当会の施設で職業訓練を受けている間も、しばしば、授業中に子どものことを思い出して涙を流していたのがとても印象に残っています。

＊ Government of Uganda［２００７年］

マラリア予防のために蚊帳を配布するテラ・ルネッサンスの現地職員

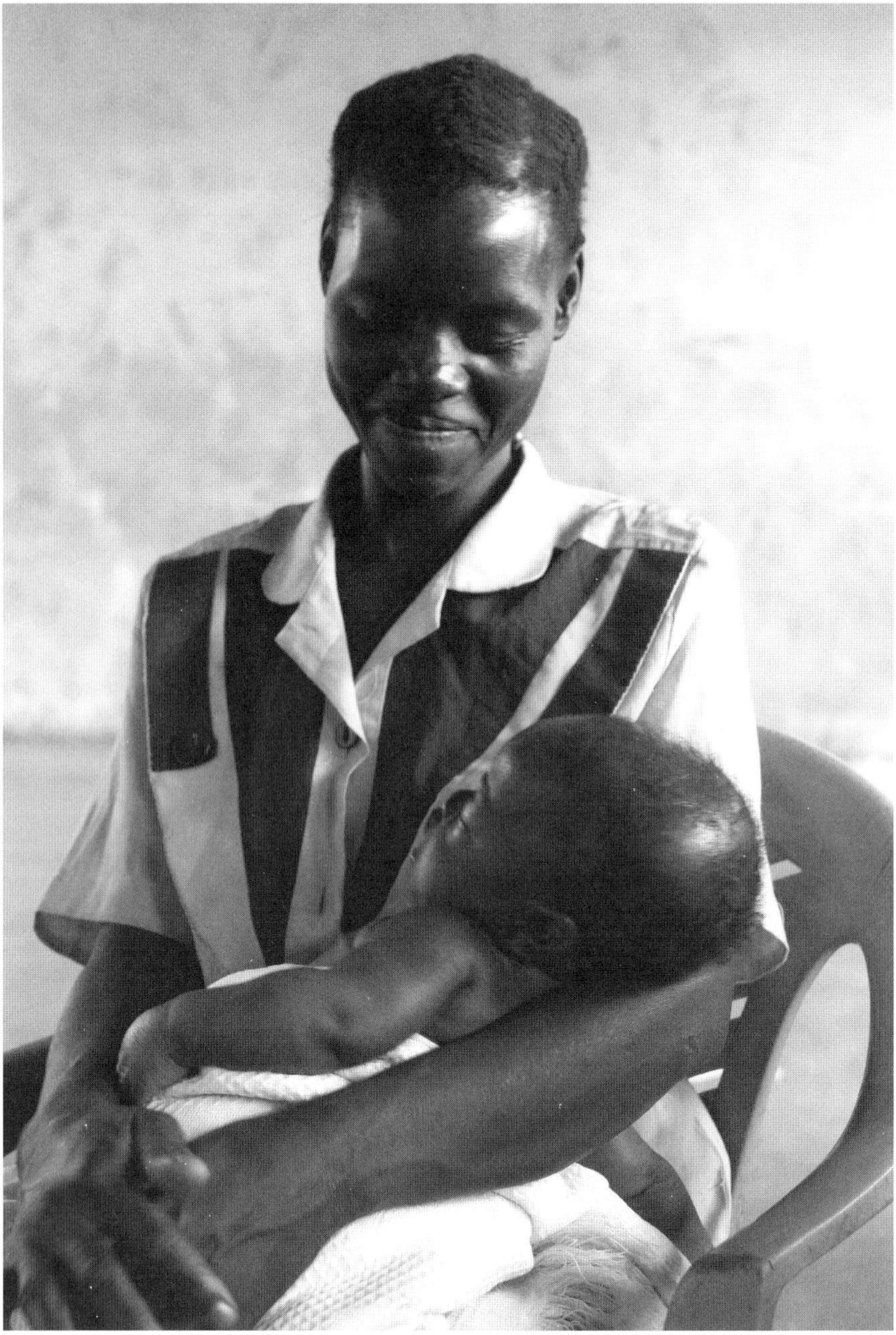

マラリアで子どもを亡くした元少女兵のリリアン（仮名）

第３章

平和だった頃の
ぼくらの村

アメリカ人牧師さんの偏見

私のアフリカでの生活は6年以上になりますが、冷酷な現実に直面するにつけて、この出口のない絶望的な状況に、無力感をおぼえることがいまもしばしばあります。なぜ、子どもを兵士にしたり、生きている人間の体の一部を切り落としたり、15歳にも満たないような少女を平気でレイプしたりするという残酷なことが起こっているのでしょう。

ウガンダで出会ったあるアメリカ人の牧師さんは、「そもそもアフリカ人は野蛮だから子どもの徴兵も残虐な紛争もやめない。後先考えずに自然を破壊し、資源を奪い合うのも、かれらの『野蛮な文化や伝統』のせいだ。アフリカの指導者（独裁者）たちが貧しい国民を虐げて私腹を肥やすのも、不満があるとすぐに暴力に訴えるのも、すべてかれらの昔からある野蛮な考え方によるものだ。だからかれらには先進国の教育が必要だし、教会で人間として正しいことを学ぶ必要がある」と話していました。

たしかに、政治家や警察官、役人などの汚職は目に余るものがあります。私自身も、「正直、これじゃあ、この国は良くならない。アフリカ人は不真面目で、けんかっ早い人なのかも？」などと感じたこともありましたが、ウガンダに住みはじめて、その考えはすぐに変わりました。

大きな都市では、人びとの陰惨な行動を目撃することがありますが、田舎にいけば、それとはまったく対照的な人びとにも出会います。私の住んでいたグル県ではほとんどの人が、1日1ドル以下の収入で生活をしていました。かれらの村を訪問すると、見知らぬ外国人を満面の笑みで出迎えてくれます。なけなしのお金をはたいて、もてなし料理を出してくれます。紛争がつづく状況で、子どもたちが学校にも行けないような、その日暮らしでも、真面目に働き、ひたむきに生きようとしているのです。そんな純粋な人びとと出会い、話をしていると、この牧師さんの話はにわかには信じられません。

コンゴやウガンダなどの中・東部アフリカの人びとは、かつて、どのような暮らしを営み、どのような伝統や文化をもっていたのでしょうか。この牧師さんがいうように、アフリカの文化や伝統が、本当に「野蛮で、後先考えずに自然を破壊して、資源を奪い合っている原因なのか？　また紛争を引き起こす原因になっているのか？」ということについて探っていきたいと思います。

人類発祥の大地

いまでは誰もが知っているように、アフリカは私たち人類発祥の地でもあり、ウガンダやスーダン、コンゴの隣国から人類最古の化石が発見されています。人類の発祥から現在に至るまで、この地ではさまざまな民族が、それぞれの文化や

貧しいながらも、手料理を作り、筆者の訪問を受け入れてくれたウガンダ北部の村の家族（左から4番目が筆者）

伝統を保ち、それを受け継いで生きてきました。

もともと、この地域に暮らしていたのは、ピグミー*と呼ばれる狩猟採集民です。ただし、ピグミーという呼び名は「小さな人」という意味で、ヨーロッパ人が背の低いかれらを見て勝手につけたもので、本来はムプティー、テゥワなどというそれぞれの名があります。コンゴ東部にはムプティーやエフェなど、ウガンダやルワンダ、ブルンジにはテゥワ*と呼ばれる人びとが暮らしています。

狩猟採集というと、狩りで動物を殺し、森の食べものを採集して生きていることから、森の資源を浪費しつづけて、自然を破壊しているのでは、と考える人もいるかもしれません。しかし、ピグミーたちは自然を破壊するどころか、自然の一部として何千年にもわたり生きつづけ、狩りで動物を絶滅させてしまうこともなければ、森を切りすぎて資源を枯渇させてしまうこともありませんでした。また、それらの資源を奪い合って一部の人びとが富を蓄積するということもありません。

じつは、私たち人間の歴史の99%は、この狩猟採集民の歴史なのです。私たちがいま当たり前だと考えている現代のライフスタイルは人類史の時間から見ると、ほんの1%未満の特異な歴史（時間）に過ぎないわけです。

無知な未開人と思われがちな狩猟採集民たちがもっている植生や動物に関する知識は、これだけ近代科学が進んだ現在も、多くの生物学者や植物学者たちが真

ピグミー：中央アフリカ全域の熱帯雨林を生活拠点としている狩猟採集民。身体的な特徴として成人の身長が平均1・5メートルと低い。集団ごとにさまざまな氏族名をもち、それぞれ異なる言語を話す。

テゥワ：94年の「ルワンダ大虐殺」では、テゥワの3分の1も虐殺された。

剣に調査対象にするほど熟達したものです。かれらは、自然と共存する知恵や伝統をもち、それらを親から子ども、孫、そして次世代にさまざまな形態で受け継いできました。持続可能なライフスタイルを何千年、何万年にもわたってつづけてきたのです。厳しい自然のなかでは、互いが協力し合わなければ生きていくことができませんでしたし、食べものや薬など生活に必要なすべてをあたえてくれる森をよく知ることはかれらにとって欠かすことができないことでした。

自然との関わりから生まれた伝統

このアフリカ中・東部地域にも約２０００年前頃から、農耕や牧畜がじょじょに広がっていきました。いまのスーダンからウガンダ北部にかけてはナイロート系*の農耕・牧畜民が定住するようになり、コンゴやルワンダ、ブルンジ、ウガンダ南部にもバンテゥー系*の農耕民が定住しはじめました。

多くの人びとがその土地に合ったやり方で農耕や牧畜をはじめ、自然環境に応じて数百年から千年以上という長い年月をかけて、新しい土地に広がっていきました。また、その移動は家族やクラン*（氏族）といったごく小さな単位でおこなわれていました。

そして、世代を超えた長年の経験から、土地が劣化しないように耕作地を定期的に変える焼畑農耕*を編み出しました。こういった伝統的なアフリカの農耕を、

ナイロート系とバンテゥー系：多様なアフリカの民族集団を、言語的に大別した際、ナイル諸語を話す人びとはナイロート系、バンテゥー諸語を話す人びとはバンデゥー系に属される。

クラン：共通の祖先をもつ血縁集団（氏族）。

焼畑農耕：草、低木を焼き払って耕作地を拓き、灰は肥料となる。地力が衰えると新たな場所を焼き払って転地する。このサイクルを数年でくり返すことで再生可能な範囲で耕作していく農耕。

効率性や生産性の観点から、原始的で遅れたやり方だと批判する人びともいますが、現在では持続性の観点からも土地に合った適切な方法であったと認識されつつあります。

やがて、コンゴ河やビクトリア湖など水と緑豊かな土地に定住した人びとは、その土地の豊かさに比例するように人口も増え、氏族の規模も拡大していきました。そして、15世紀頃には有力な氏族が王国を興していきます。

しかし、この頃、もっとも大きく発展し集権化が進んでいたといわれるコンゴ王国でさえ、「自給自足が基本で商業農業や換金作物の観念、交換や売買のために必要以上に生産するという概念は発達していなかった」といわれています*。また、のちに大きく発展するブガンダ王国でも、当時は、国王の権限は限られていて、支配者というよりクラン間の調停者の役割を担い、過度な集権化、分業はおこなわれていませんでした。

さらに、焼畑農耕民のなかには、「過少生産」という考え方をもっていた人びともいます。多く生産しようと思えばそれだけの技術があったにもかかわらず、生産を必要最小限にとどめていました。誰かが大量に生産しても、それを独り占めすることは許されず、分け合うことがルールとされていたためにできたシステムだったともいわれています*。同時に、それはかれらが必要以上の生産（自然利用）を自重する考え方（掟）をもっていたとも推測できます。

バンテゥー系の農耕民が栽培するマトケ（調理用の青バナナ）畑

*ピーター・フォーバス［1980年］94ページ

*掛谷誠［1994年］

このように、この地域に定住した農耕民や牧畜民にとっても、狩猟採集民と同様、自然とどう付き合うかということはクランの存続にとって非常に重要な要素であったため、ほとんどのクランには、雨乞いの儀式や自然をベースにした掟や土着宗教、言い伝えなどがありました。また、狩猟採集の生活に比べれば、農耕や牧畜は自然に及ぼす影響は大きいですが、それだけに、かれらは自然との関わり方を、つねに意識して生きてきた人びとだといえるかもしれません。

いずれにしても、いま紛争が起こっている、この地で生きている人びとが、かつてもっていた文化や伝統というものは、先住民のピグミーであれ、農耕・牧畜民であれ、つねに自然とのつながりをベースにしたもので、さきほどのアメリカ人の牧師さんがいうような、「かれらの野蛮な文化や伝統が後先考えずに自然を破壊し資源を奪い合っている」というのはあきらかに事実ではありません。むしろ、かれらの伝統というものは自然との関わりのなかで生まれ蓄積されたものであったともいえるでしょう。

分かち合いの伝統

この地域の先住民であった狩猟採集民・ピグミーは、自らは食料を生産しないので、余剰な食物を貯蓄することもなく、人口増加が抑制され、きわめて人口密度の低い環境で生きてきました。そのため、ほかの氏族と食料などをめぐって争

家族で栽培した農作物を収穫し、それを調理している。子ども（少女）は、叔母から伝統的な調理方法を学んでいる

うこともほとんどなく、まして、ほかの氏族を襲撃して富を奪い尽くすなんてことはありませんでした。

狩猟採集民はごく少数の氏族で移動しながら、狩りや採集で集団を維持していますが、狩猟は安定的ではないので、女性たちが森で小動物や食用の植物を採集して補います。男女間にも協力・協働の関係が成立していました。

個人の採集・狩猟能力には優劣がありますから、氏族における獲物の公平な分配のルールがないと氏族社会が成り立ちません。これは氏族の内部だけでなく、べつの氏族とのあいだでも、象などの大きな獲物をしとめたときは、「分かち合うこと」が掟になっていました。*

私自身、この狩猟採集民の「分かち合うことが当たり前」という考え方に驚かされたことがありました。いまから14年前、ピグミーと同様、熱帯雨林で移動しながら生活しているマレーシア（ボルネオ島）の先住民・プナンの人びとの村に滞在したときのことでした。

プナンは、近代化の影響で半定住の生活をしていましたが、狩猟に出る昔ながらの生活もつづけていました。男たちが狩りから戻ってくると、女性たちが調理をしてくれます。料理ができると、近所の人たちがわさわさと集まってくるのです。「食事はそこにいる人、すべてが分け合って食べるもの。誰が獲物をしとめようとも関係ない。これが私たちの伝統である」といっていました。とうぜん、

＊寺嶋秀明［2002年］

私もその輪のなかに入れてくれました。

現地の言葉でお礼を言おうと思い、「ありがとう」の現地語を通訳に聞くと、「プナンには、『ありがとう』と直接訳せる言葉はありません」といわれました。理由を聞いてみると、「『ありがとう』は、他人が自分のために何かしてくれたときに使う言葉です。しかし、私たちの村では自分が他人のために何かするのは当然で、それは自分自身の役割でもあるのです。だから『ありがとう』という言葉は必要ない」という返事が返ってきたのです。

栄養失調の子どもがいるほどの食料事情のなかで、人と分かち合うことを、これほど当たり前に考えているかれらを見ていて、「分かち合うこと」というのは、かれらにとっては「優しさや思いやり」というより、まさに、これが、「文化であり伝統」なのだろうと実感しました。

ピグミーたちも、社会が不安定にならないように、平等に分け合うための工夫やルール*が長年の経験をもとに決められています。これらは紙に書いた法律としてあるものでもなく、先祖代々、さまざまな経験のなかで生み出された知恵であり、それが親から子へ受け継がれてきた文化と伝統なのです。

紛争を予防して解決するための知恵

自然と調和した文化や伝統をもっていたからといって、農耕民や牧畜民の社会

ピグミーの「分かち合いのルール」：ピグミーの社会を調査している生態人類学者の寺嶋秀明によると、「モタ猟では、一番先に矢を当てた人が獲物の所有者となる。犬のもち主は、獲物の頭と首をもらい、とどめを刺した人は腰と背の部分をもらうという決まりになっている。網猟では、網のもち主が獲物の所有者となり、猟を手伝った人たちは、それぞれ獲物の一部をもらう。ただし、これでは獲物は猟に出た人の一部にしか分配されない。そこで、第1次分配で肉をもらった人は、もらえなかった人に、肉を分けてあげる。これを『第2次分配』という。第1次分配で肉をたくさんもらった人は、第2次分配では、ほかの人にたくさん分けてあげなければならない。その人がさらにほかの人に肉を分けることもある。料理をしてからほかの人にあげることもある。こうして最終的には、キャンプのみんなに肉がわたる」という。（寺嶋秀明［2002年］115〜117ページ）

では紛争がなかったというわけではありません。より豊かな自然環境を求めて、土地や水場をめぐり、クラン間で衝突が起こることもありました。また、戦いに負けたクランがその地を去って、べつの場所に移動することもありましたし、力のあるクランが小さなクランを吸収していくこともありました。とはいえ、15世紀以前の中東部アフリカの大多数の氏族は、初期の首長制で運営されていて、いわゆる「部族*」対立といわれるような紛争に拡大することはありませんでした。

むしろ、氏族間での対立や争いが双方にとって大きな被害を及ぼすことを経験していたため、ほとんどの氏族や民族には紛争を予防する方法や、戦いが起こった際の解決法を伝統的なルールとしてもっていました。

アチョリ人の伝統的なルール

ウガンダ北部のアチョリ人が受け継いできたこの伝統的なルールを紹介したいと思います。ちなみに、アチョリ人はウガンダ北部の反政府軍「神の抵抗軍*」を構成している民族で、おなじアチョリの子どもたちを何万人も誘拐して兵士に駆り出し、いまも軍事活動をおこなっています。

アチョリ人は、もともとスーダン南部から南下していまのウガンダ北部に定住した農耕民ですが、イギリスに植民地化される以前は、30数個の氏族に分かれて暮らしていました。氏族は、数個～数十個のサブクラン（小グループ）で構成

部族：tribeという言葉は、白人がアフリカに入ってきたときに「野蛮な人びと」という差別的な意味を込めて使われたもの。アフリカの人びとには「自分が何という〝部族〟に属しているか」という意識はなく、氏族（クラン）への帰属意識を強くもっていたと考えられる。たとえば、ウガンダ北部の〝アチョリ族〟の「アチョリ」の由来は、約150年前にやってきた白人が、黒人を見て「オ・チョル」（現地語で『黒い人』）と呼んだことがはじまりだともいわれている。

神の抵抗軍：24ページ参照

され、氏族の内外で問題が発生したばあいは、氏族の首長とサブクランの「ルオト・モ」と呼ばれるリーダーと長老たちが解決の主要な役割を担っていました。とはいえ、氏族のなかで発生するすべての問題に首長が関わることはなく、小さな単位の争いごとは、その単位で解決を試みて、問題が大きくなるとその上のレベルで解決に当たっていました。たとえば、家族内の揉めごとやけんかは家長が、夫婦間の争いや近隣同士の争いなどはサブクランのリーダーがその調整役を担い、対立がサブクランのあいだで起こったばあいに、氏族の首長が調整にあたるという具合でした。

争いが家族レベルであろうと、氏族レベルであろうと、家長や長老、首長が独断で解決を試みるようなことはしません。とくに、争いが氏族間のばあいは、王や大首長といったアチョリ人全体を束ねるリーダーがもともとは存在しなかったので、対立する氏族の首長や長老同士が対話することで、紛争の解決を図ってきました。

リーダーが絶対的な権限で物事を解決する方式ではなく、当事者や長老などの意見や言い分を聞いた上で、最終的な判断（意思決定）をするというしくみでした。紛争解決に関わるリーダーは、人びとから尊敬される人柄と、お互いを和解させるための知恵をもっていないと務まりません。ですので、新しいリーダーを選ぶ際には、「人のいうことを聞く能力をもっているかどうか」ということも選定の一つの基準にされていたといわれています。

問題解決のための話し合いのなかで、何が正しい・正しくない行為かを判断する基準として、各氏族には「キル」と呼ばれるさまざまな伝統的なタブーがありました。キルは、紛争自体もしくは紛争に発展する可能性のある行為とされ、慎むべきものだと考えられていました。

たとえば、「夜に若者がふらふらと出歩くこと」「食べものを投げ捨てること」「暴力を振るうこと」「水をめぐって争うこと」「人を殺すこと」「犯した罪を覆い隠すこと」など、個人の日常的な行為から氏族間の争いに関わることまで多々あります。

紛争を予防するために、こうしたタブー行為があったばあいは、それぞれのリーダーが注意を促します。すでに争いになっているばあいには、まず、その当事者から個別に事情を聞き、事実の確認をします。その際、最初の重要なステップは本人の告白を待つことだとされています。

暴力事件があったばあいには、加害者がその事実（罪）を告白するのを待って、被害者に対する償い方を伝統的な慣習をもとにリーダーたちが話し合い、決定します。その償いは、しばしば伝統的儀式を伴いました。たとえば、殺人が氏族間であったばあいには、加害者の属する氏族が被害者の属する氏族に対して家畜を差し出すなどの償いをした後、「マト・オプート」という儀式をおこないます。この儀式は「苦い植物の根を飲む」という意味で、これによって過去の苦い経験を洗い流し、両者が和解するためのものだといわれています。同時に、「矢を曲げる儀式*」をおこない、双方のクランが非戦を誓い合う儀式をおこなうこともあります。

つまり、無罪を主張している者に有罪だと決め付けることはせず、当事者の「自発的」な言動を促して、最終的には、加害者と被害者が、ふたたびおなじ社会で共に生きていくことに目的が置かれていたのです。どんな罪であったとしても、アチョリの伝統では加害者を刑務所のような隔離した場所に閉じ込めたり、死刑を執行したりすることはありませんでした。

しかし、「そんな方法では、加害者が本当のことをいわずに罪を告白しない可能性もあるし、被害者も『許し』をあたえることなど有り得ない」などと思う人がいるかもしれません。そこで、そうならないために重要な役割を果たしていたのが、アチョリの伝統的な信仰なのです。

アチョリの信仰では、タブーを犯した人間が、事実を隠したり、嘘をついたりすることは本人やその家族、属する氏族に病気やけがなどの災いを起こすと強く信じられています。紛争のなかで人を死なせてしまったばあいでも、悪霊が取り付いて災いを引き起こすので浄化儀礼をおこなう必要があると考えられていました。

矢を曲げる儀式：双方が矢を180度ねじ曲げ、矛先を自分に向けることによって、「相手に向けた戦い（矛先）は、自分に向かい自らを殺すものである」として両者が「戦わないこと」を誓い合うことを目的とした儀式。また、両氏族で婚姻が成立し、子どもが生まれるとその子を紛争の終結または平和の証だとすることもある。結婚などで血縁関係を結ぶことで紛争を収めたり、和解を促進するという方法はアチョリ人以外でも多くの民族が用いていたといわれている。

こうした悪霊にまつわる話は現代社会に生きる私たちからすれば迷信のように思えるかもしれませんが、アチョリの村々ではいまも根強く信じられています。じっさいに現在でもこういった浄化儀礼などはよく見かけますし、現在の紛争から帰還した兵士や元子ども兵に対しても精神的な安定を図るためにこういった浄化儀礼をおこなうこともあります。

このようなアチョリの紛争予防や解決の伝統がありましたが、この頃の氏族の争いというのは、現在の紛争とは比べものにならないほど小規模なものでしたし、近代的な武器が使われているいまとは、まったく次元の違うものでした。

そして、もう一つ重要なことは、かりに氏族同士で大きな衝突があったとしても、そのときに子どもが戦場に送られたり、女性が性的暴力の対象となるということはなかったということです。

たとえ、子どもが自分で戦いに参加すると申し出ても、未熟な子どもを戦場に出すことは許されるものではありませんでした。これはアフリカの多くの民族にも共通していることですが、大抵のばあい、結婚していない子どもたちは、首長や長老からは未熟な者であると見なされ、戦いに参加するに足りない存在だと考えられていたからです。かれらの文化や伝統には、「人と自然」のあいだにきびしい掟があったように、「人と人」の関係においてもさまざまな掟や知恵があったのです。

アチョリの伝統的儀式（浄化儀礼）。紛争から帰還した元少女兵（左から２番目）に対しておこなっている

さきほどの牧師さんがいうような、「そもそもアフリカ人の野蛮な文化や伝統が残虐な紛争の原因になっている」というのは信じがたいことですし、かつての指導者（首長や長老）たちは、現在の指導者（独裁者）たちとはまったく違った存在であったと考えるべきでしょう。

子どもの教育

アフリカの人びとは、長年にわたって、こうした文化や伝統を子どもたちに受け継いできましたが、そのための学校や教科書があったわけではありません。

では、どのようにして子どもたちが学んでいたのかというと、それはそれぞれの氏族に伝わる「歌」や「ダンス」「物語」「遊び」などがかれらにとっての教科書の役割を果たし、家庭やコミュニティー、大人の仕事場などあらゆる場所が子どもたちにとっての校舎（教室）となっていました。

これは先住民のピグミーも農耕民や牧畜民の人びともおなじで、各民族（クラン）にはそれぞれユニークな踊りや歌、伝承（言い伝え）などがあり、それぞれの生業形態や文化や伝統といったものが子どもたちに教えられていました。

たとえば、アチョリの社会では、夜になると家族みんなで火を囲みながら「ワンオー」という語らいの場が設けられ、各家族やクランに伝わる伝承などを物語として子どもたちに聞かせます。また、伝統的な歌やダンス、あるいは「こと

アチョリの人びとの語らいの場、ワン・オー（紛争下で子どもたちが夜間に避難しているシェルターにて再現）

わざ」に、大切な教訓やメッセージを込めて、それを子どもたちに教えていました。

こうした子どもの教育に、専門家（教師）はいませんので、コミュニティーの大人たちすべてが関わっていました。アメリカ先住民の言い伝えに「１人の子どもを育てるためには１００人の親が必要」というものがありますが、まさに、アフリカの人びともおなじように、長老、女性、青年など、さまざまな大人たちが親や兄弟のように、子どもたちの面倒を見ていたわけです。

こうした考え方は、いまのアフリカ社会にも残っていて、たとえば、親や親戚を紛争などで亡くした孤児たちは、近所の人たちが当然のことのように育てていたりしますし、そのなかで叱るときは叱り、自分の子どもとおなじように学校に通わせたりもします。コミュニティーの大人全員が教師としてすべての子どもの教育をおこなっているようなものだといえるかもしれません。

国内避難民キャンプで出会ったある長老が、子どもの教育について語った言葉*はとても印象的でした。じっさいに、多くの氏族では、それぞれの「役割」はもっていますが、かといっていまの社会のように専門的に一つのことだけ勉強してそれを「職業」にするようなことは通常ありませんでした。

戦うことだけを専門にする兵士もいなければ、武器だけを作る人も、それを売買するだけの武器商人も、あるいはそれを取り締まる警察官や裁判官といった専

「教育」についての長老の言葉：「子どもは生まれたときは何者でもない。しかし、多様な役割をもつ大人たちがその子を育てていくことで、じょじょに子どもは自分に合ったモデルとなる大人を見つけるようになり、そして、自分の役割を明確にしていくのだ。だから、子どもに特定の事柄だけを特定の人だけが教えたりするのではなく、多くの大人が関わり、あらゆる事柄を教えていくことが大切なのだ。そうすることで、その子に一番合った役割や可能性を引き出すことができる。そして、ほかの人びとの役割の大切さも理解し、互いの役割を尊重できるようにもなるのだ」

門の職業もありませんでした。

つまり、分業化の進んだ私たちの社会ではそれに応じた専門の教育機関などがありますが、かれらの教育では、何か特定の職業に就くことや、お金を得ることは目的ではなくて、あくまでもクランが生きていくために必要なことを次世代に受け継いでいくことが大切だとされていたのです。

私たちが受ける教育と、かれらの教育のどちらが良いか悪いかということをいうつもりはありませんが、私が出会った狩猟採集民の女性につぎのような疑問を投げかけられたことがありました。彼女は町の出稼ぎから帰ってきた女性で、足輪などの装飾品を作って町で売ってお金に換えて生活していました。私は、彼女に「足輪作りは楽しかったですか?」とたずねました。すると彼女はこう答えました。

「なぜ毎日、意味もわからずおなじ仕事をしていることが楽しいのですか?　足輪は狩りに出る夫や息子が毒蛇にかまれないよう無事を祈って作る大切なものなのです。なぜ誰に贈るかもわからない足輪を毎日大量に作ることが楽しいと思えるのですか?　あなた方の社会では、そんな仕事をみんな本当に楽しんでいるのですか?」

それを聞いて私は「そうはいっても日本の社会では……」と説明しましたが、一方で、いま私たちの社会で多くの人が受験や仕事のストレスで病気になった

先祖から伝わる伝統ダンスの用具修理を学ぶアチョリ人の子ども

り、自殺したりするような状況を思うと、反論できず深く考えさせられるものがありました。

「伝統を守ること」と「多様化すること」のバランス

アフリカの伝統と文化を知る上で忘れてはならないことがあります。それは、かれらの文化や伝統というのは、氏族同士が、文化的、社会的、経済的、あるいは遺伝的な接触を重ねることで、つねに変化してきたということです。そのなかで、狩猟採集民や農耕民、牧畜民が互いの生業方法を学び合うこともあれば、農器具や土器など道具の製作方法を学び合ったり、また、ほかのクランの言語や慣習、技術を習得し、それを自分たちのものとすることもありました。

じっさいに、中・東部アフリカには、農耕と牧畜、または狩猟といった複数の生業をくみ合わせた形で生きている人びともいますし、異なる民族間で共通する文化や慣習が見られることもあります。

人びとは外から入ってくるものに開放的で、そうした交流のなかで自分たちの文化や伝統を多様化してきたと考えられます。べつの見方をすれば、「多様化する」ということ自体が、かれらの伝統や文化のなかに含まれていたといえるかもしれません。

ですから、東アフリカでは、古くはアラブ人が入ってきたときもさまざまな文

アチョリの伝統的なダンスをする女性たち

化を吸収し、独特のスワヒリ文化*というものも発展しましたし、15世紀頃には、鉄や塩、土器などを交換するユニークな遠隔交易のネットワークも成立していました。

こうした変化は、非常に長い時間をかけて起こりました。先祖から受け継いできた文化と伝統を土台にして、そこに薄い紙を重ねるように、少しずつ変化していきました。大河が何百年もかけてその流れを変えていくようなスピードだったとたとえられるかもしれません。数十年で町の姿が一変してしまうような近代社会とは、大きな違いがあります。

ほかの氏族との交流を繰り返し、「伝統を守ること」と「変化していくこと」のバランスをよく考えながら、独自の文化と伝統を育んできたのです。そして、この頃の交流は、アラブ人との接触であったとしても、一方が他方を収奪するようなものではなく、対等な関係で発展してきたものでした。

ところが、その後、15世紀末以降にアフリカに入ってきた白人（ヨーロッパ人）たちとの接触は、対等どころか一方的にかれらの伝統や文化の土台そのものを変化させていきます。そのことを第4章でみていきたいと思います。

ウガンダ北部の農村で畑仕事をするアチョリの夫婦。農薬も化学肥料も使わない昔ながらの農耕を営んでいる。

スワヒリ文化：8世紀頃からインド洋を渡り、東アフリカの海岸に交易にやってきたアラブ人によりアラブと地元アフリカが融合した独特の文化。「スワヒリ」とはアラビア語で海岸を意味し、現在のケニアやタンザニアの沿岸地域を中心に発展していった。

第4章

ぼくたちの村に
白人が
やってきた

アフリカには歴史がない？

15世紀末、アフリカの人びとの文化や伝統、生活のすべてを根底から覆す時代が到来します。ヨーロッパ人が世界中を駆けめぐり、「大航海時代」と呼ばれた時代です。日本の中学や高校の授業でも、「マゼラン*が世界一周を成し遂げた」「コロンブス*がアメリカ大陸を発見した」などと習うので知っている人も多いと思います。

授業では、いかにもすばらしい偉業を成し遂げたかのような印象を受けたかもしれません。けれど、これはアフリカで暮らしていた人びとから見れば、今世紀までつづくことになる悲劇のはじまりでしかありませんでした。また、アメリカ大陸の先住民にとっては、大陸ごと奪われた歴史の幕開けです。

当たり前のことですが、アメリカ大陸はヨーロッパ人が来る前からありましたし、そこにはアフリカ同様、多くの人びとが暮らしていました。あたかもその土地には誰も存在せずに、何の歴史もなかったかのように新しい大陸の〝発見〟と喜んだヨーロッパ人たちが、先住民を虐殺し自分たちの国にしてしまったのです。これがアメリカという国のはじまりです。

アフリカにやってきたヨーロッパ人たちも、そこが、あたかも自分たちが発見した大陸であるかのように振る舞い、「アフリカには歴史はない」などという

フェルディナンド・マゼラン：1480～1521年。ポルトガルの航海者、探検家。大航海時代にマゼランが率いた艦隊が史上初の世界一周を成し遂げた。

クリストファー・コロンブス：1450年頃～1506年。大航海時代の航海者、奴隷商人。中国を目指し、1492年、アメリカ大陸の西にあるカリブ海諸島に漂着。東アジアに到達したと勘違いしたことから、この地が西インド諸島と命名された。コロンブスが率いるスペイン軍はアメリカ大陸や西インド諸島の先住民に対して虐殺行為を繰り返していた。

「神話」まで作り出しました。じっさい、私たちがいま、学校で習う世界史でも、アフリカの歴史はヨーロッパ人が植民地化した頃からはじまり、それ以前の歴史はほとんど記述されていません。

中・東部アフリカに入っていったヨーロッパ人たちは、コロンブスがアメリカの先住民をインディアン（＝インド人）と勝手に名付けたように、この地域にもビクトリア湖（＝英国ビクトリア女王の名前）、エドワード湖（＝ビクトリア女王の夫の名前）、スタンレー滝（＝英国の冒険家の名前）、マディソン滝（＝王国地理学会の会長名）など、好き放題の名前を付け、挙句の果てには、アフリカ大陸ごと、ヨーロッパ各国の都合で、分割して奪い取っていきます。このあまりにも自己中心的な考え方が、当時のヨーロッパ人の常識でした。

1500万人の拉致と誘拐

大航海時代、アフリカに侵入したヨーロッパ人は、現地住民を野生動物のように捕らえ、抵抗すると容赦なく虐殺しました。捕らえられた人びとは、鎖につながれ、腕や胸に焼印を押されて、まるで家畜のようにアメリカ大陸や西インド諸島*へ運ばれていったのです。

これが15世紀末にポルトガル人がアフリカ大陸にやってきて以来、約400年間つづいた「奴隷貿易」と呼ばれるものです。この間に奴隷として連れ出された

ケニア・ウガンダ・タンザニアと国境を接するビクトリア湖。かつてウガンダではナルバーレと呼ばれていた

西インド諸島：南北アメリカ大陸のあいだにある、カリブ海域の島々。大航海時代がはじまり、これらの島々はすべてヨーロッパ諸国の植民地となり、多数のアフリカ人奴隷が連れ込まれた。

アフリカ人の数は1500万人にも上るといわれています。＊

コンゴでは、1482年にコンゴ河をポルトガル人が「発見」して以来、「17世紀末までにコンゴ河流域から200万人の奴隷を奪い、18世紀にもそれと同数の奴隷をブラジルに運んだ」といわれています。＊

故郷から遠く離れた地に輸送された奴隷たちは、買い主の「所有物」となり家畜同然に納屋で飼われ、ムチで打たれながら強制労働を強いられたのです。1500万人の奴隷のなかには、10代の少年少女も多数含まれていました。少年たちは大人と変わらない重労働を強いられ、少女たちは性的虐待の対象とされました。＊また、イギリスの上流階級の女性たちの間で黒人少年をペットの子猫とおなじように「飼育」することも珍しいことではなかったといわれています。＊

奴隷貿易の主要な拠点となったのは、ギニア湾北部からいまのコンゴ、アンゴラに至るまでの西海岸沿いでした。そこは「奴隷海岸」と名付けられるほど膨大な人数が内陸部から集められ、倉庫に詰め込まれていました。

売買されて奴隷となった人びとは、奴隷船にすし詰め状態で押し込められ、数カ月にも及ぶ移送中、船内では十分な水も食べものもあたえられませんでした。反抗した者や伝染病に感染した者、弱りきった者は生きたまま海に放り込まれて殺されました。移送中に殺害や病死、餓えなどで約2割が死亡したといわれていますが、苛酷な状況と絶望のなかで、自殺した人も多数いたといわれています。

＊Inkori, J.E. ed.［1982年］

＊ピーター・フォーバス［1980年］147ページ

性的暴力のはじまり：コンゴの歴史において最初に性的暴力が記録されたのは、奴隷貿易の商船のなかで女性が性的奴隷として使われたときだといわれる。現在、コンゴは世界でもっとも性的暴力が横行している国のひとつ（米川正子［2010年］70〜71ページ）。

＊宮本正興・松田素二編［1997年］280〜282ページ

連れ去られたアフリカ人は、アメリカ大陸や西インド諸島に運ばれ、ヨーロッパ人の植民地経営であったプランテーション農場*での砂糖や綿花の生産、鉱山での採掘作業など、苛酷な労働を強いられていました。

アフリカ人同士を戦わせる歴史のはじまり

さて、こんなひどい奴隷貿易に、アフリカの人びとは、反抗しなかったのでしょうか。

とうぜん、反抗する氏族のリーダーたちもいましたが、かれらは虐殺され、ヨーロッパ人にとって都合のいいリーダーたちには装飾品や銃があたえられました。とくに王国や大きな氏族の首長たちには、さまざまな報償があたえられ、その見返りとして奴隷や象牙を狩りだすことを強要されました。

沿岸部に奴隷貿易の拠点を置いたヨーロッパ人たちは、自らの手を汚すことなくアフリカ人の手で狩り出されたアフリカ人を奴隷として供給していたのです。コンゴ王国も奴隷狩りの先兵になり、「王国内はもちろん内陸の奥に立ち入って暴力的に原住黒人たちを獲得し、鎖で数珠《じゅず》つなぎにしてヨーロッパの奴隷船の待つ西海岸の港まで強制連行した」といわれています*。

このようにヨーロッパ人がアフリカに侵入したときから、アフリカ人同士で争わせ、漁夫の利をヨーロッパが得る仕掛けが組み込まれてきたわけです。このこ

首を鎖でつながれた奴隷（E.S.Atieno Odhiambo,T.I. Ouso, J.F.M.Williams,ed.［2006年］

プランテーション農場：経営者である国や企業、大地主などが、先住民や黒人奴隷などを労働力として使い、単一作物を大量に栽培する大規模農園。

＊藤永茂［2006年］40ページ

とは、その後の植民地支配や、現在のアフリカの紛争を考える上でも重要なことです。

世界最大の人権侵害を犯した「イギリス」

17世紀から18世紀以降になるとオランダやフランス、そしてイギリスがアフリカでも大きな力をもつようになっていました。18世紀は奴隷貿易の頂点といわれるほど、大量の奴隷狩りがおこなわれましたが、それをもっとも強力に推進していたのはイギリスでした。

18世紀の100年の間に少なくとも600万人のアフリカ人が奴隷として売買され、「そのうちの約半数はイギリスの船で、イギリスもしくは他国の植民地へ運ばれた」といわれています＊。

いまでは、人権問題や野生動物の保護に熱心なイギリスこそが、世界最大の人権侵害を引き起こした国であったということは忘れてはならない事実です。そして、いまだにイギリスは、たったの一度もこの蛮行を謝罪していませんし、このことを議論しようとすらしません。

2001年に南アフリカ共和国で開催されたダーバン会議＊では、アフリカでの奴隷貿易が「人道に対する罪」にあたると最終合意文書に明記されました。しかし、イギリスのアフリカ担当大臣は、会議後のNHKのインタビューに対して、

奴隷たちを拘束するために使われていた手錠（ウガンダ博物館に展示）

＊ピーター・フォーバス［1980年］148ページ

ダーバン会議：世界約150カ国の政府代表とNGOのメンバーら約6000人が参加し、2001年南アフリカのダーバンで開催された国際会議（第3回「人種主義、人種差別、排外主義、および関連する不寛容に反対する世界会議」）。その宣言文には、過去のアフリカ人に対する奴隷貿易が

こんなこたえを返したのです。

「私たちは、過去の奴隷貿易や奴隷制度のことを議論したのではない。現在もおこなわれている奴隷制度は『人道に反する罪』であることを認めただけだ*」

人類史上最大ともいえる大罪を犯したイギリスは、それを謝罪するどころか、認めることすらしたくないようです。

「自分勝手な正義」のはじまり

そのイギリスは、1807年、奴隷貿易を禁止する法律*を作りますが、これはイギリスが反省したわけでも、人道主義にめざめたわけでもなく、自国の〝事情〟が変わったためでした。

その〝事情〟については、後で紹介しますが、19世紀に入っても奴隷狩りはすぐには止まりませんでした。むしろ、西海岸での奴隷の需要を補うために、ウガンダなどの東アフリカでは多くのアフリカ人奴隷が狩り出され、インド洋側のタンザニア（キルワ・キシワニ島やザンジバル島*）の奴隷市場で売買されました。

この奴隷狩りを積極的におこなっていたのはアラブ商人たちでした。アラブ諸国の奴隷*をイギリスなどのヨーロッパ諸国は非人道的であると非難していました。しかし、一方で、イギリスでは19世紀初頭まで奴隷制はつづいていました

「人道に対する罪」にあたると規定され、その「野蛮さ」と、規模の大きさ、性質を鑑みれば人類史の悲劇であると明記された。また、アジア人、アフリカ人、先住民にとっては、奴隷貿易と植民地主義が、現在の社会的、経済的不平等の要因にもなっていることにも言及している。（永原陽子編［2009年］）

＊NHK「アフリカ」プロジェクト［2002年］11ページ

奴隷貿易を禁止する法律：1807年イギリスで制定された法律。その影響で1808年にアメリカが、1814年にオランダが、1817年にフランスがそれぞれ奴隷貿易禁止の法律を定めた。しかし、法律成立後、奴隷はイギリス帝国のなかで売買されなかったものの、依然として所有されていた。

ザンジバル島の奴隷市場：1839年までに毎年、4万人以上の人びとが奴隷として売り出され、1860年代にその数は年間7万人にも膨れ上がっていた。（E.S. Atieno Odhiambo, T.I. Ouso, J.F.M. Williams, ed.［2006年］96ページ）

アラブ諸国の奴隷：奴隷（スレイブ）という言葉は、中世の時代に「スラブ」人がアラブ諸国やイスラム社会で奴隷として使わ

し、東アフリカからアラブ商人が狩り出した奴隷は、ブラジルや西インド諸島などヨーロッパ諸国が経営するプランテーションで強制労働を強いられていました。

33年になってイギリスは奴隷制そのものを廃止*しますが、それでも間接的に奴隷貿易に関わりつづけました。33年以降も、ブラジルで奴隷売買に使われていた品物の10分の7はイギリス製品であったといわれていますし、ブラジルで営業するイギリスの金融機関は奴隷貿易商に融資し、その貨物の保証を引き受けていました。また、イギリスの鉱山会社は奴隷を購入・所有し、その労働力を鉱山事業に使用していました。

イギリスは、世界最大の奴隷貿易をおこない、その後もそれに関わりながら、アラブ商人や他国の奴隷貿易を非人道的だと責めていたのです。そして、後発のアラブ商人たちの奴隷狩りを禁止して、自分たちは、東アフリカの奴隷狩りを終わらせた功績があると国際社会に訴えています。現在のウガンダの学校でもそのように教えられています。

まるで、１００件の凶悪事件を犯したマフィアの大親分が、1件の罪を犯した組員を警察に突き出して、改心させたと自慢しているようなものです。さらに、イギリスはアラブ商人が狩り出した奴隷を兵士として使っていましたし、アラブ商人を植民地獲得の案内役として利用していたことも、見逃してはならない歴史

れていたことを語源としている。しかし、アラブの「奴隷」は志願兵であったり、時間がたてば家族の一員として組み入れられる存在でもあり、ヨーロッパ人が家畜同然に扱った「奴隷」とおなじ定義にあてはめることはできない。一方、19世紀以降にアラブ商人が東アフリカでおこなった奴隷狩りは、ヨーロッパ人のやり方を真似たかのように、アフリカ人を家畜同様に扱うようになっていた。

奴隷制の廃止：イギリスでは、１８２０年代に奴隷制度に反対する運動が活発になり、１８３３年に奴隷制廃止、ほかのヨーロッパ諸国もそれにつづいた。一方、１８３３年以降もヨーロッパの奴隷商人や資本家たちは奴隷貿易に関わりつづけた。イギリスのマンチェスターやリバプールから送り出された綿織物などのイギリス製品は直接アフリカの沿岸に送られるか、そこから間接的にリオ・デ・ジャネイロやハバナに送られて、キューバやブラジルの委託業者が奴隷を購入する際に使われていた。（エリック・E・ウィリアムズ［２００４年］）

奴隷市場で売買される前に奴隷が閉じ込められていた奴隷収容所（ザンジバル島）。当時のまま保存されており、トイレもないこの一室に数百人が、まるで「物」を保管するかのような状態で詰め込まれていた。

的事実です。

この自分勝手なイギリスの正義が、のちのアフリカの紛争処理にも受け継がれているように思えます。このことは、第8章で紹介します。

史上最大の大虐殺（ジェノサイド）

アフリカの奴隷狩りでは、奴隷1人を捕まえるためにその10倍の人びとが命を失ったといわれています。* これが平均的な数だとすると、奴隷として連れ去られた1500万人の10倍（1億5000万人）の命が奴隷貿易の時代に殺された可能性もあるということです。それは、18世紀初頭の世界人口約6億人の約4分の1にあたります。*

もちろん単純には計算できませんし、正確な犠牲者の数はいまとなっては知ることはできませんが、私たちの想像をはるかに超える膨大な数の命が奴隷狩りのために失われたことは確かです。その命の多くは、アフリカ人同士を戦わせることで、失われた命だったのです。

奴隷狩りは、大抵のばあい、夜におこなわれました。村々を襲撃し、家を燃やし、煙にいぶしだされるように家から飛び出してきた人びとを一網打尽に捕まえるというのがかれらのやり方でした。家に取り残された老人や子どもは焼け死に、外に出てきて反抗する者は容赦なく殺されました。

奴隷の様子を再現するザンジバル島に残されたモニュメント

＊ Benson Okello［2002年］95ページ

＊ Colin McEvedy and Richard Jones［1978年］

70ページ上の写真は、ウガンダ北部でアラブの奴隷商人が拠点にした砦《とりで》で、この岩場は「裁判場」と呼ばれました。毎日かき集められるように連れてこられた奴隷（主にアチョリ人）がここで選別され、役に立ちそうにないと判断された人びとは銃殺され、反抗する人びとは、首を切られて処刑されました。ここには、いまも無数の刃物の跡が岩に残っています。

ウガンダ南部のブガンダ王国も、奴隷狩りに積極的に協力し、大量の奴隷や象牙をアラブ商人に差し出し、その見返りに銃を手に入れました。そのことによって、大きな軍事力をもった王国は急速に拡大していきました。

こうした非人道的な手口は、まさに現在の紛争で「神の抵抗軍」が子どもを誘拐しているやり方とオーバーラップします。71ページの2枚の写真は、奴隷狩りで連れ出された人びとを描いた絵（上）と、現在の紛争で「神の抵抗軍」に連れ去られた元子ども兵が描いた絵（下）です。これを見ると、両者が恐ろしいほどよく似ていて、まるで「神の抵抗軍」が奴隷狩りの手法を学んだのではないかと錯覚するほどです。

捕獲された人びとは、奴隷市場で体を洗われ、衣服を着せられました。これは奴隷を気づかってのことではなく、弱々しく汚らしい奴隷よりも、健康的で見た目の良い奴隷のほうが高く売ることができたためです。まさに「物」として扱われ、商品として売られた奴隷たちは、遠く故郷を離れた地でさらなる侮辱と暴力

ウガンダ北東部から狩り出された象牙。大航海時代以降、アフリカの象牙は、希少品として欧州諸国で好まれ、乱獲が続き、密猟も横行した。（ウガンダ博物館資料）

奴隷の裁判所（処刑場）。数えきれないアチョリの人びとがここで虐殺された。（ウガンダ北部、グル県）

ウガンダ北部の奴隷商人の拠点。手前の囲いは銃と弾薬の倉庫、奥の囲いは食料の貯蔵庫

ウガンダでの奴隷狩りの様子が描かれたイラスト（ウガンダ博物館に展示）

ウガンダ北部の紛争に駆り出された元子ども兵が描いた、誘拐される子どもの絵

を受けながら生涯を過ごし、二度と故郷に戻ることはありませんでした。
いまの世界の常識から見れば、このような非人道的な行為は許しがたく信じられないことですが、ヨーロッパ諸国の大多数の人びとはこの残虐な奴隷貿易が正しいことだと本気で信じていました。

野蛮人と文明人――人種差別のはじまり

奴隷貿易の時代、ヨーロッパでは黒人たちを野蛮で遅れた未開人だと見なし、キリスト教徒であり白人である自分たちがもっとも優秀で進化した人間であると思い込んでいました。野蛮人をキリスト教に改宗させ、文明化するためならば、奴隷として使うのもやむを得ないと考えていたわけです。

一方で、奴隷貿易がもっとも激しかった18世紀は「啓蒙《けいもう》時代」といわれ、啓蒙思想*がヨーロッパで広まっていった時代でもありました。自然科学の発達を背景に、旧来の政治・社会・宗教などの制度や思想の伝統や権威を批判し、人権を守ることの大切さや、自由や民主主義の基礎となる考え方や制度が形成された時代でもあったのです。モンテスキュー*が三権分立を唱え、ルソー*は、理性の普遍性を説き、「人間」の平等の大切さを主張しました。そして、ヨーロッパでは、「市民」たちが個人の自由や政治的な平等を求めて、市民革命*が起こりました。

ところが、「自由と平等と友愛」を求めるヨーロッパの市民社会は、「不自由

啓蒙思想：17世紀のイギリスではじまり、18世紀にはフランスやドイツに広まった。

シャルル＝ルイ・ド・モンテスキュー：1689～1755年。フランス・ボルドー生まれ。イギリスの政治に影響を受け、当時のフランス絶対王政を批判し、政治権力を一極に集中させるのではなく、分割することで、抑制させるという権力分立制の基礎を築いた。

ジャン＝ジャック・ルソー：1712～78年。スイス生まれの哲学者、思想家。理性の普遍性を説き、人間は平等であると主張した。『社会契約説』を唱え、フランス革命や明治時代の日本の自由民権運動に大きな影響をあたえた。

で、不平等で、無慈悲」なアフリカ人奴隷を必要としていました。人権や人間の尊厳が大切だとされる一方で、〝おなじ人間〟を虐殺したり、奴隷化したりすることには、ヨーロッパ人たちにも抵抗と葛藤があったはずです。

この矛盾を解決（正当化）するために、白人（＝文明人）とアフリカ人（＝野蛮人）は根本的に〝異なる種類の人間〟であるという言説が作り上げられたのです。アフリカ人は自分たちと「おなじ人間ではない」とすれば、支配も差別も正当化できるというわけです。

たとえば、アフリカ貿易を独占していたイギリスの会社の外科医だったジェームズ・フートソンは、アフリカに滞在したときの印象を「黒人の習慣はおなじこの地で仲良く暮らしている生き物にそっくりである。つまり猿だ」という一言でまとめました。＊

このような〝作り上げられた証明〟をもとに、ごく一部の知識人を除いては、啓蒙思想家たちもこの人種差別を容認していました。たとえば、モンテスキューは、「キリスト教徒である私たちがアフリカ人を人間として認めることはできない。それは神の意思に背くことになる」などと主張しました。キリスト教（神）の名のもとに「アフリカ黒人＝人間以下の存在」であるという考え方が広まったのです。

こうして、黒人を家畜同様の奴隷として狩り出すことが正当化され、むしろそ

市民革命：イギリスの清教徒革命（1641～49年）や名誉革命（1688～89年）、フランスのフランス革命（1789～99年）など、封建制度や王権を打破することをめざした革命。フランス革命では王政が崩壊し、「自由」「平等」「友愛」の理念に基づく市民的諸権利が打ち立てられた。

フランス革命のきっかけとなったバスティーユ牢獄襲撃事件を描いた「バスティーユ襲撃」ジャン＝ピエール・オーエル画（1789年）

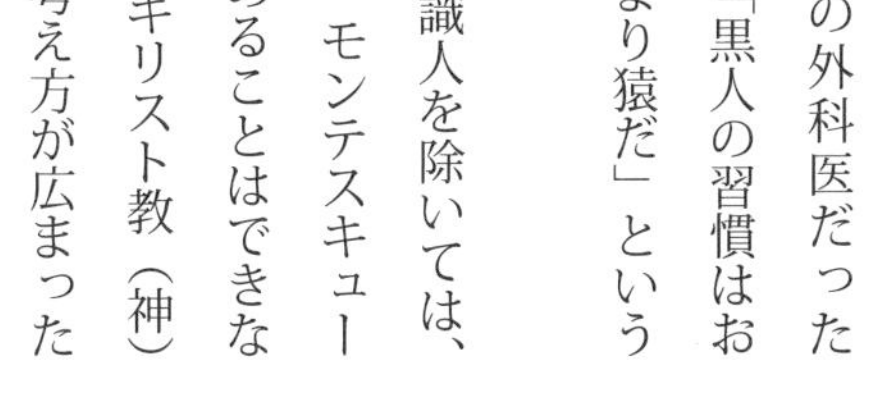

＊宮本正興・松田素二編［1997年］280～282ページ

れが黒人にとっては、未開人から文明人へと〝啓蒙される〟良いことであると真剣に考えられました。

白人が優れているというこの考え方（白人至上主義*）は、アフリカに滞在したヨーロッパ人の旅行記や当時の哲学者、生物学者、植物学者などによって権威づけされ、世紀を超えて繰り返し流布され、やがて世界の常識として作り上げられました*。

前章の牧師さんのように、アフリカ人が「野蛮人」だと考える人がいまだにいることを思うと、この時代に刷り込まれた洗脳が、いかに根深いものであったかは想像に難くありません。

現在まで根強く残っている人種主義（野蛮人と文明人）という考え方は、奴隷貿易を正当化するために生み出された言説といっても過言ではありません。西インド諸島出身の歴史学者、エリック・ウィリアムズ*は、「奴隷制は人種主義から生まれ出たものではけっしてない。むしろ、奴隷制が人種主義を生み出したというべきだろう」と述べています。

人種主義や人種差別が、奴隷貿易を正当化するために作られたものであるならば、奴隷貿易の本当の目的はいったいなんだったのでしょうか。なぜ、人権思想にめざめはじめたヨーロッパの「市民社会」は、その正反対ともいえる非人道的な「奴隷」を必要としていたのでしょう。

白人至上主義：白人がアジア人やアフリカ人などの有色人種に比べて優れているという思想。生物学的にも白人が優位であるとし、人種差別のはじまりになった。のちに生物学的な差異から文化的な差異が人種差別の概念を形成していく。こうした概念は権力者が支配や侵略を正当化するために作られたといっても過言ではない。

＊ジョージ・M・フレドリクソン［２００９年］、Sophie Bessis［２００２年］

エリック・ウィリアムズ：１９１１〜81年　西インド諸島のトリニダード・トバゴ共和国の初代大統領（任期１９６２〜81年）。独立の父と呼ばれ、歴史学者として、「奴隷労働が資本の蓄積をもたらし、産業革命の原動力となった」というウィリアムテーゼを打ち立てた。

奴隷貿易の目的

ヨーロッパ諸国がアフリカから奴隷を狩り出した目的は、じつはとてもシンプルでした。それは、未開のアフリカ黒人をキリスト教の教会に送るためでも、文明化するためでもなく、〝貿易〟による膨大な経済的利益を得ることでした。

コロンブスがアメリカ大陸を発見して以来、ポルトガルやスペインは、南北アメリカの先住民を狩り出して、金や銀の採掘、砂糖や綿花を大量生産するための労働力として使役していました。しかし、白人がもち込んだ病原菌に免疫をもたない先住民は病気になったり、過度の労働による衰弱死、虐殺*などによって人口が激減していきました。その埋め合わせとして、アフリカからの奴隷が狩り出されたのです。

次ページの図を見てください。奴隷はヨーロッパで高く売れる金、銀を採掘し、砂糖、綿花などをタダで作りました。それをヨーロッパで販売すれば、莫大な利益を得ることができました。この流れを「大西洋横断奴隷貿易」(三角貿易)と呼んでいます。

❶ヨーロッパ、❷アフリカ(西海岸)、❸アメリカ大陸・西インド諸島の3点を周回する形で貿易をおこなうと、非常に効率よく利益を得られるしくみでした。

先住民の虐殺：コロンブスの新大陸発見から、南北アメリカ大陸や西インド諸島では、先住民(人口が6000万〜8000万人)の4分の1が虐殺や苛酷な強制労働などで死亡したとされる。

奴隷貿易（三角貿易）の流れ

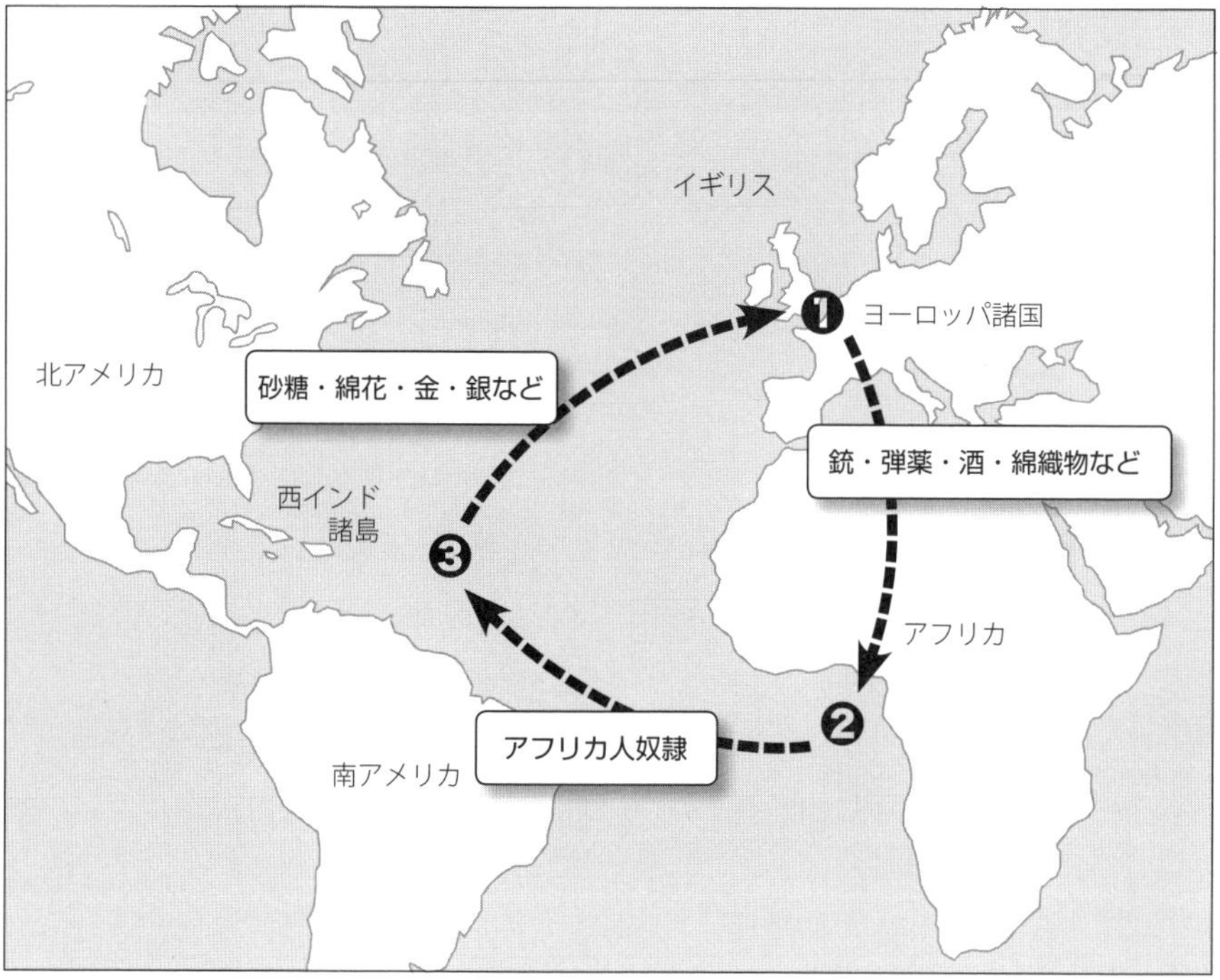

奴隷狩りのために一部の首長などにあたえる銃と弾薬、酒、綿織物などをアフリカにもち込めば、いくらでもタダの労働力（奴隷）を調達できます。そして、それをアメリカ大陸や西インド諸島で売り渡し、そこで生産した産品をヨーロッパ本国にもち帰って販売するという効率のいい貿易でした。このしくみを維持するために、理不尽であろうとも、アフリカからの「奴隷」は不可欠だったわけです。

このような略奪に等しいやり方（略奪経済）で、数百年にわたって蓄積された富（資本）は、奴隷商人を代表とするヨーロッパの資本家階級を潤しました。そして、この階級の人びとこそが、市民革命を牽引していった新興勢力だったのです。市民革命は、個人が自由や政治的平等を手にするとともに、資本家たちが経済活動の自由を勝ち取った革命でもあったというわけです。

産業革命と奴隷貿易の禁止

奴隷貿易によって最大の利益を得たイギリスは、莫大な富（資本）をもとに、自国の産業を大きく発展させていきました。北部のマンチェスターは綿工業で栄え、中部のバーミンガムや北西部のリヴァプールは武器貿易によって栄えました。イギリスの主要な港湾都市は、奴隷貿易がなければあれほど繁栄することはなかったといわれています。当時の「リヴァプールの家並みの煉瓦は、アフリカ人奴隷の血で塗り固められている」ともいわれたほどです*。

そして、ほかのヨーロッパに先駆けて、18世紀後半から19世紀にかけて、イギリスで産業革命*が起こりました。このことが、「奴隷」の必要性を低下させていきました。産業資本主義*の進展に伴って、暴力的に奴隷を強制労働させるよりも、自由な「賃金労働者」のほうが好まれるようになっていったのです。

また、ほかのヨーロッパ諸国の植民地での砂糖生産が過剰になり、イギリスの経済的利益が脅かされていました。こうしたイギリスの「事情」があって、アフリカでの奴隷貿易を禁止することになったのです。

「経済学の父」と呼ばれるアダム・スミス*が、「奴隷は、自由労働者に比べて非効率である」と主張して、奴隷貿易に反対していますが、このことからも奴隷制が当時の経済問題であったことがわかります。けっきょく、奴隷貿易をおこなった理由も、それを禁止した理由も、経済的な根拠があってのことだったのです。

奴隷貿易がアフリカに残したもの

大航海時代のアフリカ大陸への侵入、奴隷貿易の隆盛はヨーロッパ社会に大変革をもたらすと同時に、アフリカにとっても「新しい時代」の幕開けでした。アフリカの大地から無数の命が奪われただけでなく、文化や伝統的なライフスタイルがつぎつぎと破壊されていく、大激変の時代のはじまりでした。

*エリック・E・ウィリアムズ［1968年］72〜77ページ

産業革命：18〜19世紀にかけて「工業化」に向かう一連の変革。イギリスで綿工業の技術革新がはじまり、機械工業、鉄鋼業、動力機関（蒸気機関車など）の技術開発がなされた。工場制機械工業が導入され、化石燃料をベースとした近代工業化社会の幕開けとなった。

産業資本主義：商品を生産・製造する過程で利潤を得る経済体制。奴隷貿易の初期は、金、銀、砂糖、綿花、奴隷などの「商品」を貿易することで利潤（商業資本）を蓄えていたが、産業革命の進展とともに、生産拠点（工場）を経営し、商品を生産・製造することで利潤（産業資本）を蓄える産業資本主義が大きく発展した。イギリスは「世界の工場」と呼ばれるほど製造業の中心地となった。

アダム・スミス：1723〜90年。近代経済学の基礎を築いた、イギリスの経済学者、哲学者。王政の時代、重商主義（独占的な貿易によって国が富を蓄積する経済政策）を批判した『国富論』を著した。

これまでの農耕や牧畜というライフスタイルから、「奴隷狩り」によって生計を立てる人びとが出現し、奴隷貿易で栄えた沿岸部には「都市」が誕生しました。奴隷狩りの手先となった氏族や王国には、「銃」という近代的な武器が流れ込み、王や首長はこぞって銃を得るために奴隷狩りをつづけました。

近隣の氏族が力を拡張すると、それに対抗して、さらに多くの銃を求め、「奴隷狩りに奔走しなければいけない」という状況に追い込まれていきました。

こうして、奴隷狩りに手を染めた地域では、氏族間の関係が不安定になり、かつての平和を維持するためのルールも失われはじめました。ウガンダ北部のアチョリの社会でも、19世紀半ば以降、知恵のある長老よりも、より強く勇敢なリーダーを求めるようになり、尊敬されるべきリーダー像が変化していったといわれています。

しかし、この変化はアフリカ大陸で一様に起こったわけではなく、アフリカ中・東部地域のなかにも、その影響をまともには受けなかった氏族もありました。コンゴの熱帯雨林の奥地や、地形的にヨーロッパ・アラブ商人が入り込むのがむずかしかったといわれるルワンダやブルンジなどの内陸部では、依然として大多数の人びとが伝統的な農耕や牧畜などの生業形態をつづけていました。

しかし、19世紀後半からは、これまで沿岸部に留まっていたヨーロッパ人の侵入が、「奴隷」にかわる新たな「資源」を求めて内陸部にまで到達したのです。

奴隷狩りによって栄えた都市ザンジバル

現在起こっている資源の奪い合いや、紛争の原因が作られていく時代に突入していきます。

第5章

資源の奪い合いがはじまった

泥棒同士の奪い合い

奴隷のつぎにヨーロッパ人がアフリカ大陸に求めたのは、さまざまな製品を作るための資源と原料でした。ヨーロッパ諸国はイギリスを先頭にして、奴隷貿易で蓄積した資本や技術をもとに、産業革命が進展し、社会構造が大きく変わっていこうとしていました。農民層が都市に流入して、工場労働者になり、大規模な工場生産は大量の鉱物資源や原料となる第1次産品を必要としていました。

ヨーロッパ諸国はアフリカ大陸にわれ先に探検隊を送り込み、資源探しに狂奔しました。探検・調査と称していち早くその土地にたどり着くと、そこをはじめて「発見」したとして、領有権*を主張しました。植民地と宗主国《そうしゅこく》―従属国《じゅうぞくこく》*のはじまりです。

まるで、マフィアが地元住民を無視して縄張り争いをしているようなありさまで、氏族間、民族間の多様な関係は無視されて、ヨーロッパ各国の勝手な都合で国境線が引かれていきました。下のアフリカの地図を見てください。これがアフリカの国境が定規で引かれたように直線になっている理由です。

このヨーロッパ各国が競った縄張り争いは1885年、アフリカから遠く離れたドイツで「ベルリン会議*」がもたれ、欧米諸国の話し合いによってある程度の決着がつきます。アフリカ大陸が欧米諸国によって分割されたのです。この会議

領有権：探検家たちは、現地の王や氏族の長を「保護」する条約を結んだ。「保護する」とは、その地域を「属地にする」ということで、これを盾にとって探検隊のスポンサーになった国はその土地を占領する権利を主張した。

宗主国ー従属国：他国の内政・外交などを支配・管理する権限（宗主権）。それによって支配・管理する国を従属国。

植民地期のアフリカ

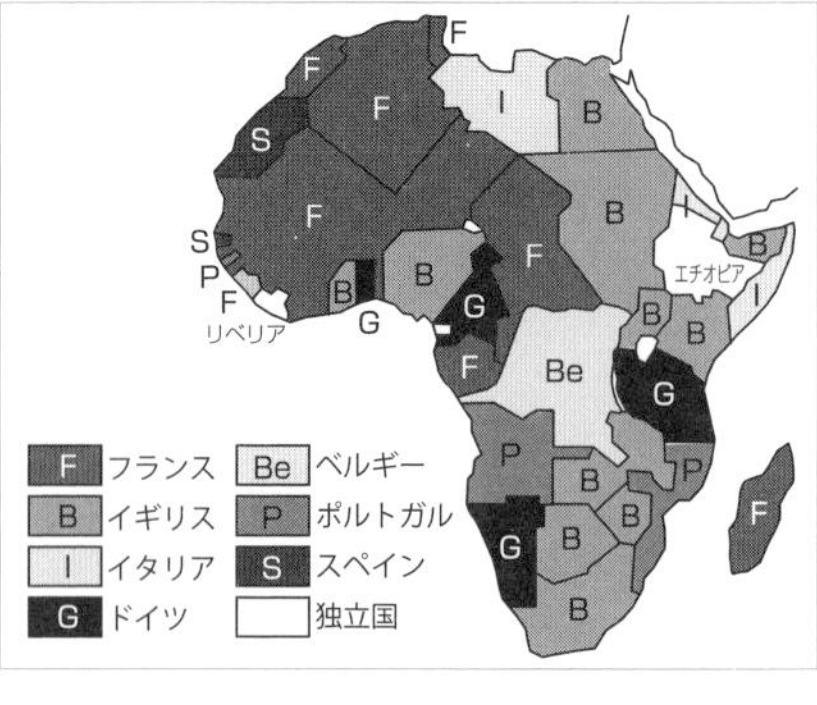

では「新たな土地を占領するときは、他国に知らせること」などという、勝手なルールが作られました。

この会議で、ウガンダはイギリスに、ルワンダとブルンジはドイツの保護領に置くことが決められ、コンゴはベルギー国王だったレオポルド2世*というたった1人の白人の「私有地」となりました。地元のアフリカの人びとの知らないうちに、本格的な植民地支配の歴史が幕を開けたのです。

その後も、イギリスとフランスが領土の争奪戦を繰り広げた結果、99年にスーダンがイギリスとエジプトの共同統治領（実質はイギリスの支配下）となり、ルワンダとブルンジは第1次世界大戦でのドイツの敗北によってベルギーに引き渡されました。コンゴは１９０８年にベルギー国王レオポルド2世の私領からベルギー政府へ移管されました。

銃と宣教師

ヨーロッパ諸国は、自国の何倍もの面積があるアフリカの土地を植民地として支配していきますが、これが可能になった理由の一つは、圧倒的な軍事力をもっていたからです。奴隷狩りのときとおなじように、銃をアフリカの首長たちにあたえることで、味方にとり込み、支配地域を広げていきました。抵抗する氏族もいましたが、強大な軍事力をもったかれらに勝てるわけもなく、けっきょく、白

ベルリン会議：参加した14カ国（イギリス、ドイツ、フランス、イタリア、アメリカ、ロシア、オランダ、オーストリア＝ハンガリー、スペイン、ポルトガル、スウェーデン＝ノルウェー、デンマーク、オスマン・トルコ、ベルギー）の間で、どこの国がどのアフリカ地域を占領するか、またその占領に関してのルールを決めた会議（１８８４年11月～翌年2月）。コンゴは、「自由貿易地域」とすることと決められた。

レオポルド2世：第2代ベルギー国王（在位１８６５～１９０９年）。１８７８年、探検家ヘンリー・スタンリーのスポンサーになり、翌年からスタンリーはコンゴ川を探検し、40の基地を築き、４００余りの「保護」条約を土地の首長と結んだ。コンゴ全域はレオポルド2世の勢力圏となり、１８８５年、王の私領「コンゴ自由国」を建国した。（小田英郎［１９８６年］47ページ）

人の支配下に入らざるを得ませんでした。白人の植民地支配に逆らう者は、徹底的に弾圧され、その多くが殺されました。

奴隷商人や探検家の後を追うようにして、銃をアフリカにもち込んだのは、キリスト教の宣教師たちでした。神様の教えを説き、平和を諭しながら改宗した王には銃をあたえていました。宣教師たちは宗教的熱心さで奥地にまで分け入り、これまで銃の流入が限られていた地域にも拡散していきました。

レオポルド2世は、コンゴへの宣教師の派遣をふやす一方で、数千人以上のアフリカ人を徴兵して、アフリカ人を弾圧するための傭兵部隊*を作りました。この部隊に武器や弾薬をあたえましたが、白人への抵抗運動に使われることを恐れたレオポルド2世は、「銃弾を一つ使うたびに、殺した人間の手首をもち帰るように」と命令しました。その結果、銃弾を節約するために、死体や生きた人間の手首まで大量に切断されるという悲劇が起こりました。

近代的な武器が流れ込んできたこの時代を境に、これまでヤリや弓矢などを使っていたアフリカ人の戦い方（紛争）が、劇的に変化していきました。そして、この時代から現在に至るまで、アフリカの紛争で使われている武器のほとんどすべてが、外国で生産されたものという事実もわすれてはなりません。

分断してコントロールせよ

レオポルド2世の傭兵部隊：ザンジバルや西アフリカから黒人を連れてきて、部隊を編成したが、費用削減のためコンゴ内からも人身売買によって黒人兵士が集められた。1895年には兵員総数6000人のうち4000人がコンゴ現地内で徴集され、1905年になると、360人の白人指揮官と1万6000人の黒人兵員で構成される部隊にまで成長を遂げていた。（藤永茂［2006年］76～78ページ）

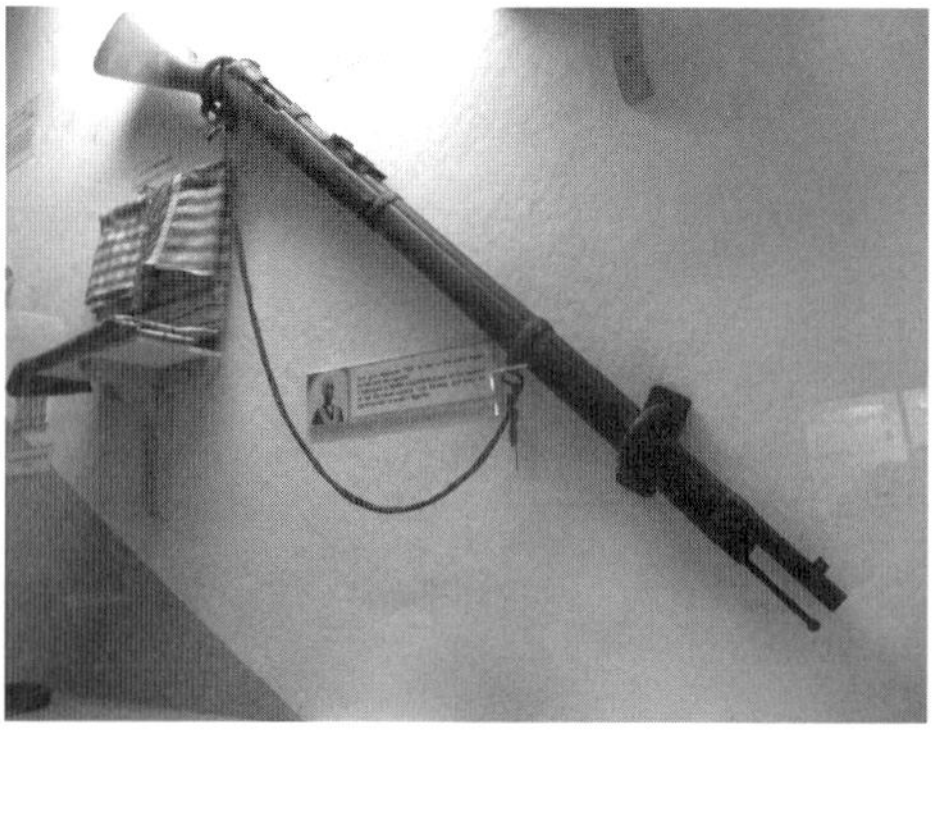

19世紀中頃、ウガンダに流入した初期の銃。宣教師団のリーダーが所持していたもの

植民地で最大限の利益を確保するためには、統治する費用を最小限に抑えて、どれほど多くの資源を本国にもち帰るかということに尽きます。人件費が高い白人を遠くアフリカの地にたくさん派遣するわけにはいきません。そこで、多くのヨーロッパ諸国は「間接統治*」という方法で、アフリカを支配しました。

まず、〝部族〟という氏族より大きな単位でグループ分けし、そのグループのリーダー（首長など）に一定の地位と権限、武器をあたえて植民地政府の機構のなかにとり込みました。このリーダーたちが直接住民を支配するシステムを作り上げたのです。

そして、白人たちは優遇した一部のグループ以外を冷遇することで、仲間割れが起きるように仕向け、部族同士が団結しないような仕掛けを作りました。

たとえば、一部の〝部族〟だけに教育をあたえ、役人に取り立てて優遇し、その見返りに強制労働を監督させたり、白人への反逆を鎮圧させたりしました。このため住民たちの怒りは、白人の支配者ではなく、おなじアフリカ人に向かったのです。このように統治する方法を「分断統治」と呼びますが、このことが、のちの〝部族〟対立を作り出す大きな要因になりました。

「欧米村の商人」が活動しはじめる

植民地支配をすすめるうえで、宣教師とともに非常に大きな役割を担っていた

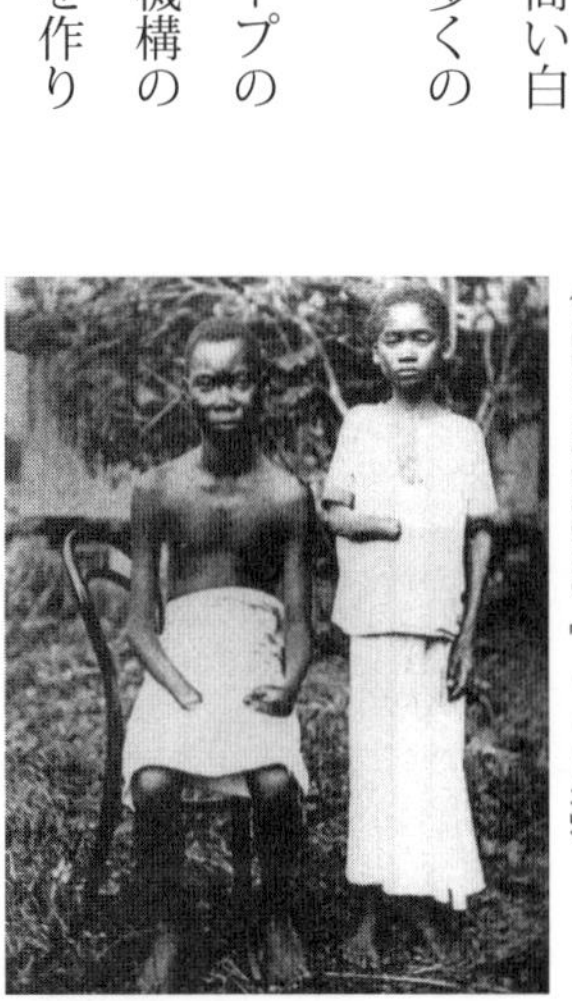
手首を切断されたコンゴの住民
（Adam Hochschild［1998年］）

間接統治：一部の現地人を使って、ほかの人びとを統治させる方法。

のは、商人たちでした。かれらは、アフリカの大地に埋まった金やダイヤモンド、銅、鉄、コバルトなどの鉱物資源、綿花、ゴム、油ヤシ、コーヒー、紅茶などの第1次産品を求めて、アフリカの奥地まで入っていきました。そして、国や資本家の支援を受けて、資源を収奪するしくみを築き上げていきました。

　また、アフリカ各地に、資源運搬や通信のために必要な道路や鉄道、港などのインフラ*が整備され、灌漑《かんがい》施設や運河の建設もおこなわれました。これは、アフリカの内陸部から資源や原料を大量に効率よく運び出すために不可欠でした。こうした開発工事には、地元住民やほかの植民地から連れてこられた人びとがタダ同然で働かされ、苛酷《かこく》な労働環境によって、多くの人が死亡しました*。欧米諸国は、いまでは考えられないほど小額な投資でインフラを整備して、資源を運び出すことができるようになったのです。

　あとでくわしく紹介しますが、こうした自己中心的な〝開発〟や〝投資〟こそが、現在のアフリカの混乱をまねく要因になっています。イギリスやドイツの植民地では、国から特許をあたえられた「特許会社*」が、宗主国と一体になって植民地での資源の収奪や開発事業を独占していました。

　これに対し、レオポルド2世の「コンゴ自由国」は、ベルリン会議で、「自由貿易地域」とされていたので、ベルギー以外の国の企業も、コンゴでの植民地ビジネスに加わっていました。とくにイギリス資本の会社はレオポルド2世の時代

インフラ：インフラストラクチャー。基盤の意味。さまざまな公共施設の総称。

開発工事での死者：イギリスの植民地だったスーダンでは灌漑施設や運河建設、ウガンダでは綿花を運び出すための鉄道建設のために、インド人労働者が動員された。レオポルド2世がすすめたコンゴの最初の鉄道建設（1890〜98年）では、西アフリカ諸国や中国などからも労働者が動員され、最初の2年間に動員された7000人の労働者のうち3500人が死亡または脱走した。（小田英郎［1986年］54〜55ページ）

特許会社：植民地を獲得し、そこから資源と原料を収奪するために、ヨーロッパ各国（宗主国）から特許があたえられた会社。リスクのある植民地ビジネスの見返りに、支配地域の貿易の独占権や住民を拘束する警察権まであたえられた。ドイツ東アフリカ会社や、イギリス東アフリカ会社、イギリス南アフリカ会社などがある。

から、積極的にコンゴでの開発事業や資源ビジネスに進出していました。

レオポルド2世は、これらの会社に特許をあたえ、植民地ビジネスから生み出される富を収奪する一方、原住民は奴隷同様の扱いを受けました。

たとえば、イギリスとベルギーの資本で設立された、ＡＢＩＲ*という会社がゴム農園を拓くために、現地住民は土地を取り上げられたばかりでなく、強制労働を強いられ、反抗する者や、決められた量のゴムを採取できなかった者は容赦なく虐殺されました*。さらに、少女や女性は人質として捕らえられ、ノルマを果たさない男の妻や娘は性的暴力を受けました。いまの社会でいえば、指示に従わない労働者は、解雇されるどころか、その家族がひどい暴力行為を受けたり、本人が殺されてしまうようなことが普通におこなわれていたのです。

レオポルド2世の支配下の20年間、コンゴでは虐殺や強制労働によって命を失った住民の数は数百万人とも１０００万人ともいわれています。この残虐な搾取と開発の状況は、国際的なスキャンダルになり、欧米諸国はレオポルド2世を批判しはじめました*。イギリスは自国の資本が、この残虐行為の一端を担っていたにもかかわらず、レオポルド2世の圧政を率先して批難しました*。

レオポルド2世はこれに応じ、コンゴは１９０８年にベルギー政府の統治下に置かれました。その後も油ヤシや金、銅、コバルト、ダイヤモンドなどを収奪する企業のために、それに抵抗する住民への弾圧がつづき、第１次世界大戦後は、

ＡＢＩＲ：Anglo-Belgian India-Rubber Company、アングロ・ベルジアン・インディアゴム会社。

＊Global Witness［２００４年］

＊マーク・トウェイン［１９６８年］

イギリスのレオポルド2世への批判：１９０３年、イギリス下院はコンゴ自由国がベルリン協定に違反して、通商を独占していることを批判し、イギリス政府は現地の調査報告書をベルリン会議参加国に送付した。その後、イギリス、アメリカはコンゴ自由国をベルギー政府に移管することを強く求めた。（小田英郎［１９８６年］59～60ページ）

その背景には、カタンガ州（１２２ページ参照）の鉱物資源の利権をめぐる対立があった。イギリスのタンガニーカ・コンセッション会社は、１９０１年に同州で銅の鉱脈を発見し、一部の採掘権を獲得したが、一方、同州では、ベルギーのカタンガ会社とレオポルド2世が共同で設立したカタンガ特別委員会（ＣＳＫ）が、鉱業利権を譲渡する独占的な権利をもっていた（キャサリン・ホスキンズ［１９６５年］13ページ）

大企業や特許会社の利益を優先する政策がさらに強化されました。*　おなじように、ベルギー統治下になった隣国のルワンダやブルンジからも多くのフツ人がコンゴに強制連行され、鉱山労働に投入されました。

アフリカの資源は何のために使われたのか?

さて、アフリカからもち出された資源や原料は、いったい誰が何のために消費していたのでしょう。

19世紀に入り、イギリスがアフリカの植民地獲得に乗り出した頃から、これまでとはケタ違いの量の鉱物資源や原料が消費されはじめました。金や銀、鉄、鉛などの鉱物資源や綿花やゴム、油ヤシなどの原料、そして石油や石炭などの化石燃料も、この時代を境に異常な大量消費がはじまっています。

たとえば、銅は5000年前から人間が使っている鉱物資源ですが、その99%が産業革命以降のたった200年間で消費されています。アフリカから搾取したこれら大量の資源や原料は、一言でいうと、すべてヨーロッパなど先進国の「豊かさ」のために使われました。

ダイヤモンドは裕福な人びとの宝飾品になり、金本位制*の下では「金」は「お金」(紙幣)の信用を裏付ける価値そのものでしたし、銅は当時、ヨーロッパに登場した電灯や電車の銅線に使われ、電力という新たなエネルギーによって便利

*小田英郎[1986年]87ページ

金本位制:貨幣価値を「金」の価格を基準として表す制度。1816年、世界中の植民地から収奪した「金」を保有していたイギリスで確立し、第2次世界大戦後は、世界一の「金」保有国となった米国の通貨(米ドル)を介した金本位制(米ドル金為替本位制)に移行した。1971年のニクソン・ショック(当時のニクソン米大統領が「金」と米ドルの兌換を停止)によって、73年までには金本位制は完全に廃止され、現在の変動為替相場制に移行した。

経済成長のはじまり:産業革命以前は、食

な生活が実現しました。

ヤシ油は車輪を円滑に動かす機械油、石けんやロウソク、マーガリンの原料として重宝され、ゴムは自動車や自転車のタイヤに使われました。綿花は衣服などの布の原料として、鉄は車や鉄道などインフラ建設の原料・資材として使われ、ヨーロッパ市民の生活を豊かにしました。下のグラフを見てください。これらの資源や原料を元に作られた商品を世界中に輸出することによって、ヨーロッパ諸国は莫大な「経済的」豊かさを手にしました。

グラフを見れば一目瞭然ですが、イギリスでは６００年間ほとんど一定だった所得が、19世紀以降の約２００年の間に10倍にも増大しました。これは、人類史上、ありえなかった経済成長（物質的豊かさ）のはじまりです*。

この成長を支えた主役は、鉱業、鉄鋼、自動車、電気、軍事などの工業生産でした。企業は、大量のモノやサービスを作り出し、それを売ることで利益が拡大していきますので、さらに「資源」を確保して商品を作り出し、「市場」を拡大していきました。企業活動が拡大するにつれて、これまで必要とされた量とはかけ離れて膨大な量の資源がこの時代から必要になったわけです。

20世紀に入り、イギリスの後を追って、ほかのヨーロッパ諸国やアメリカ、明治維新で鎖国を解いた日本が、植民地主義のうま味を知り、おなじように経済成長の路線を求めました。すると、とうぜんのことに、世界全体でこれまで以上の

料やエネルギーとなる資源を、限られた土地で、再生可能な形で生産しなければならないという自然の制約があった。一時的な人口増加があっても資源が一定量しかないため、けっきょく、人口も資源の量に一致していた。しかし、ヨーロッパ諸国はアメリカ大陸、アジア、アフリカを植民地化することによって、資源の制約から解き放たれた。他国に先駆けて植民地から豊富な資源を手に入れたイギリスは、化石燃料という集約的なエネルギーを使うことで、この人類史的な経済成長を可能にした。（グレゴリー・クラーク［２００９年］上巻）

1260〜2000年代のイギリスにおける、人口１人あたりの実質所得

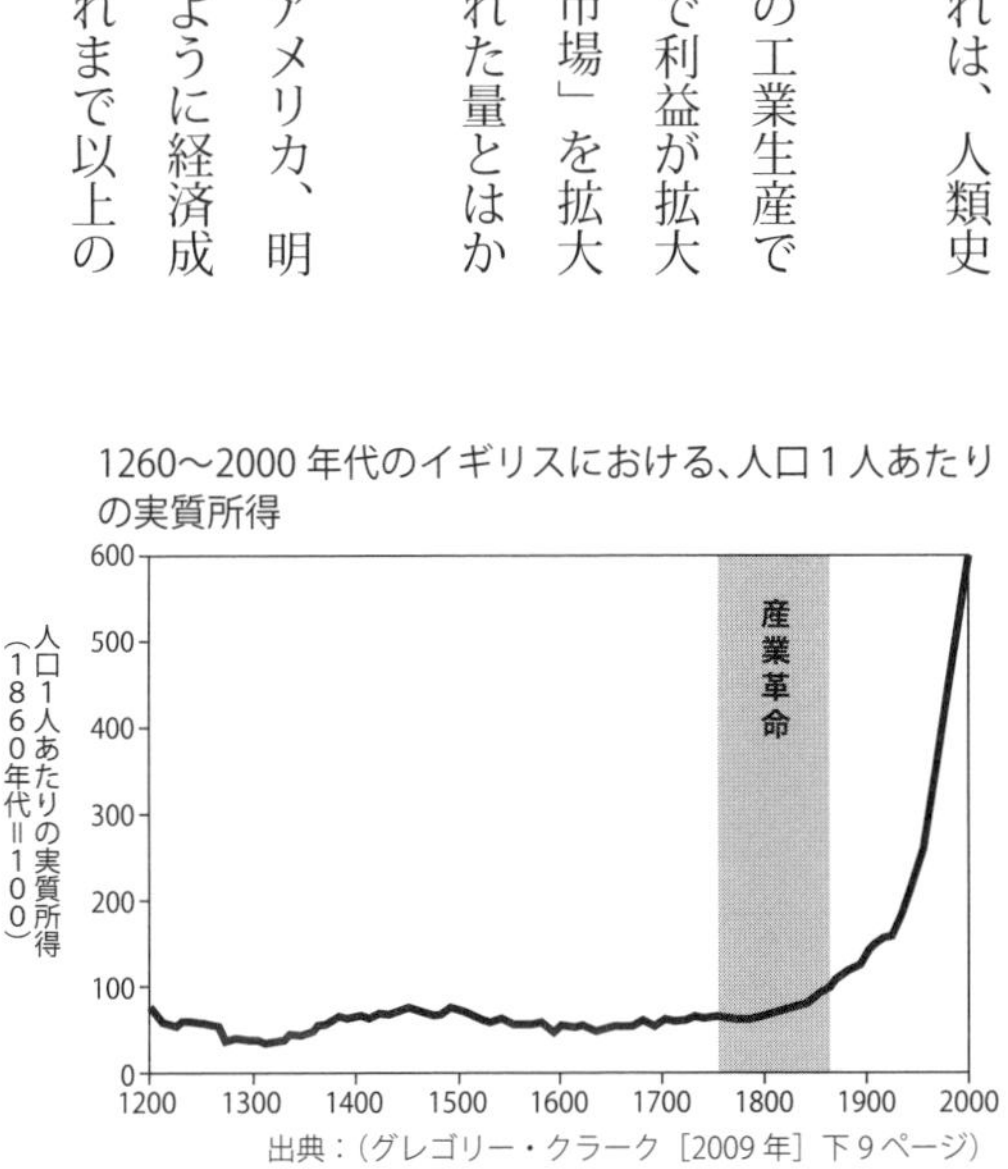

出典：（グレゴリー・クラーク［2009年］下９ページ）

「資源」や「市場*」が必要となってきます。こうして、資源や植民地の争奪ははげしくなり、世界は史上最大の二つの戦争*（第1次世界大戦、第2次世界大戦）へと突入していったのです。

2度の世界大戦によって、ヨーロッパの民衆の生活はきびしくなりましたが、企業の成長は止まりません。むしろ、軍事産業がますます発展し、欧米では、いくつもの企業を束ねる、巨大な企業の連合体（トラスト*）が誕生しました。

つまり、アフリカからもち出された資源や原料は、先進国の民衆にも「豊かさ」をもたらしましたが、それ以上に、大企業に莫大な資本を蓄えさせ、さらに巨大化するために使われていたともいえるわけです。

巨大化する「銀行」

さて、植民地期に企業が巨大化するとともに、企業ともちつ、もたれつの関係でめざましく発展していったのは金融業でした。

奴隷貿易の時代、金や銀などを貨幣に交換する両替商や、貿易商に資金を貸し付ける金貸し商人は巨額の資本を蓄積しました。そして、イギリスでは17世紀末には、政府へお金を貸与するイングランド銀行が設立され、18世紀末までに貿易商人に投資するバークレー銀行やロイド銀行など400以上の民間銀行が活動をはじめていました。

市場：製品を売りつける場所

二つの戦争：第1次世界大戦＝1914～18年、第2次世界大戦＝1939～45年

トラスト：企業の連合体。とくに20世紀に入ってイギリスに代わって世界の主導権を握ったアメリカでは、巨額な資本を蓄えた7つのトラストが、1638の企業を傘下におさめるまでに巨大化した。（ミシェル・ボー［1996年］）

植民地期に巨大化した欧米の大企業（一部）

●ダンロップ社【ゴム】：1887年、イギリス人のダンロップが自転車用の空気入りタイヤを発明し、89年に設立。自動車の普及とともにゴムの需要は爆発的に上がり、1909年には日本にも進出した。（藤永茂［2006年］26ページ）

●デビアス社【ダイヤモンド】：1888年、イギリス人のセシル・ローズらにより設立。「歴史上もっとも息の長い独占企業」（2002年タイムズ）といわれ、現在に至るまで世界のダイヤモンド市場を独占している。2004年、世界生産の42％（49億ドル）のダイヤモンドを産出した。（ニキ・ヴァン・デ・ガーグ［2008年］）

●アングロ・アメリカン【金、プラチ

これらの金融業を牛耳っていたのが、前章でお話しした資本家階級の人びとで、彼らの銀行に貯蓄された資本が、植民地時代に海外で活動する企業の資金源になっていたのです。植民地での企業活動には、国の政治的・軍事的後押しとともに、資金を提供してくれる銀行（資本家）の存在は不可欠です。また、国にとっても、企業や銀行の活動なくして、国の財政を確保することはできませんから、企業や銀行がより自由に活動できるように植民地政策をすすめていきます。

そういう点では、「国」と「企業」と「銀行」は対等な関係で、植民地でのビジネスに一致団結して、とりくんできたといえます。しかし、資本力のある銀行が小さな銀行を吸収し巨大化*していくと、銀行（金融業界）は、次第に企業（産業界）に対しても、より大きな支配力をもつようになっていきます。

こうして、銀行や資本家が金融取引によって富を生み出す金融資本主義と呼ばれる経済体制が発展していきます。そして、この体制のもとで金融資本を蓄えた銀行家たちは企業の株主になるなどして企業の経営に大きく関わり、巨大な財閥*を形成していきました。

イギリスでも一部の銀行や資本家が産業の支配権を手中に収め、その実質的なオーナーになっていきました。植民地時代、コンゴで銅やコバルトなど鉱物資源の最大の利権を支配していたのはユニオン・ミニエール社*という企業ですが、この会社をベルギー王室とともにコントロールしていたのはイギリスの銀行家たち

ナなど】：92ページ参照
●ユニオン・ミニエール【銅、コバルト、スズなど】：後述
●スタンダード・オイル【石油】：1870年、ジョン・デイヴィソン・ロックフェラー（1839〜1937年）により設立。79年には米国の製油所の90％をコントロールし、1904年までにロックフェラー財閥を形成し、アメリカ国内ビジネスの85％、輸出業務の90％を支配した。（ミシェル・ボー［1996年］229ページ）

銀行の巨大化：イギリスでは、1880年に250行あった民間銀行が1913年には48行に整理統合され、金融資本が巨大な銀行に集中していった。（ミシェル・ボー［1996年］230〜231ページ）

財閥：たとえば、アメリカのロックフェラー財閥は、ナショナル・シティー・バンク以下、スタンダード・オイル、タバコ・トラスト、アイス・トラスト、グールド鉄道会社、および各地の電話会社が結集する巨大な金融集団に成長し、多くの産業（企業）を支配している。（ミシェル・ボー［1996年］230〜231ページ）

ユニオン・ミニエール社：本社はベルギー。コンゴのカタンガ州で、1906年

でした。

また、アングロ・アメリカン*という企業は、この時代から現在に至るまで、アフリカでの金、ダイヤモンド、プラチナなど鉱物資源ビジネスを牛耳ってきた巨大企業ですが、これを設立し、最大株主として経営を支配してきたのはアーネスト・オッペンハイマー*という資本家でした。

このように、アフリカから遠く離れたロンドンやニューヨークなど欧米の銀行家（資本家）たちが、植民地でのビジネスを実質的にコントロールしていたのです。そして、かれらこそがアフリカ・アジアなどの植民地からもち出された資源や原料の搾取によって誰よりも利益を得た人たちでした。

にベルギーとイギリスの資本によって設立。ベルギー領コンゴの鉱業権を独占した鉱山会社。59年のコンゴ政府の歳入の50％がここからの税収によってまかなわれていたといわれる。67年にコンゴが国有化。現在はユミコア社。（キャサリン・ホスキンズ［1965年］13〜16ページ）

アングロ・アメリカン：本社はロンドン。1917年、アーネスト・オッペンハイマーにより設立。主に南部アフリカで金、ダイヤモンド、プラチナなどの鉱業資源を取り扱ういくつかの企業の運営元、投資グループ。コンゴ東部での資源開発にも進出している。

アーネスト・オッペンハイマー：1880〜1957年。ドイツ出身の投資家、鉱山事業家。アングロ・アメリカン社を創業するとともに、1930年、デビアス社を買収し、ダイヤモンドや金の採掘で富を築いた。現在のデビアス社会長のニッキー・オッペンハイマーの祖父。

第6章

ぼくたちの村と
心は
分断された

〝部族〟対立の火種

中・東部アフリカの人びとはもともと、氏族（クラン）[*]という小さな集団で暮らしていたので、部族[*]や民族に属しているという意識はありませんでした。19世紀に入ってからも王国内の一部の人をのぞいては、自分の部族の名前すら知らない人びとがいました。

しかし、白人たちによる植民地支配によって、アフリカ社会は激変していきました。ベルギーの支配下だったルワンダやブルンジでは、部族名を記した身分証名書が発行され、「自分は『ツチ族』、あの人は『フツ族』である」といった意識が徹底的に植え付けられました。ウガンダやコンゴ、スーダンでも無数あった氏族（クラン）は大雑把に「部族」という単位で一括りにされました。そして、分断統治によって、一部の部族を優遇し、ほかの部族を支配する体制が築き上げられたのです。

その結果、支配する側に置かれた人びとは政治的に影響力をもつようになり、両者の間には社会的な地位や、経済的にも大きな格差ができました。これまで一定の秩序やバランスを保っていた氏族や民族間の力関係が、分断統治によって大きく崩れはじめ、アフリカ人がアフリカ人を支配するという〝秩序のある〟従属関係が作り上げられていったのです。

クラン：43ページ参照
部族：48ページ参照

こうして、植民地支配が終わる頃には、大抵の人は自分が何という部族、民族、または人種に属しているかを意識するようになり、分断された人びとの間には、大きな対立の火種が残されました。これがいわゆる、いまの「部族対立」というもののはじまりとなったのです。

「お金」のために働きはじめた

第3章でみてきたように、アフリカの人びとは長年、狩猟採集、農耕、牧畜などによって、生活の糧を得て自給自足の生活をつづけてきました。しかし、植民地期を通して、鉱物資源の採掘やプランテーション農場などで換金作物の栽培に駆り出されるようになると、お金が田舎の村々まで浸透していきました。そして、「お金のために働き、そのお金で生活する」というライフスタイルがはじまったのです。

お金を流通させて、住民たちを「お金がなければ生きていけない」状況に追い込むことこそ、白人たちが望んだことだったのでしょう。なぜなら、貨幣経済の浸透によって、白人たちが求める「賃金労働」に住民たちが自ら関わってくれるようになるからです。そして、かれらがお金をもつことによって、白人たちにとっての市場が広がっていくからです。

暴力で人を動かすよりも、お金の力で人を動かすほうが、よっぽど手間もかか

イギリス人の宣教師と、ABIR（87ページ参照）の兵士によって切断された手首をもつ現地の人たち（1904年）（Adam Hochschild［1998年］）

りませんし、生産性も上がります。まさに一石二鳥でした。そして、思惑通り、アフリカの人びとに支払われたお金は、ヨーロッパから入ってきた白人の衣服や装飾品、石けん、靴、マッチ、コーラなどの製品を買うために使われるようになっていきます。

とうぜん、アフリカ人たちは「貿易」が何たるかも、この（不公平な）貿易が何をもたらすかも知るよしもありませんでした。仮に知ったとしても、貿易のルールは、この時代から現在に至るまで白人たち（先進国）によって決められていたので、どうすることもできなかったでしょう。けっきょく、大多数の人びとは貨幣経済の最底辺に組み入れられ、ほんのわずかなお金のために四六時中働いて生きていくしかなかったのです。

植民地支配が終わる頃には、ウガンダ北部やコンゴ東部、ルワンダ、ブルンジ、スーダン南部でもほぼ全域に貨幣経済が広がっていました。そこに住む多くの人びとが植民地政府のビジネスに依存して暮らすようになり、白人がもち込んだ生活雑貨や衣服を求めるようになりました。

こうして、この地で築き上げてきたアフリカ人の伝統的な生活は破壊されはじめたのですが、もう一つ重要なことは、アフリカ人自身が伝統的な自給経済よりも、白人がもち込んだ経済システムで働くほうが幸せになれると思いはじめたことです。とても皮肉なことです。

コカ・コーラなどの外国製品を販売する雑貨店。いまではアフリカの田舎の隅々にまで浸透している。

つまり、森を切りひらき、開発をすすめ、白人のいう〝貿易〟をすすめていくことが正しくて、豊かに発展していく道だと考えはじめたのです。その象徴的なものが、ウガンダとコンゴの最高額の紙幣に描かれています。最高額紙幣には、一般的にその国が誇りにしているものが描かれます。写真を見てください。これはコンゴの紙幣ですが、ダイヤモンド鉱山で働く炭鉱労働者の絵です。それがウガンダでは綿花栽培をする農夫が描かれています。

何千年にもわたり自分たちの文化や伝統に誇りをもち、それぞれの生業形態を受け継いで生きてきたアフリカの人びとが、なぜ白人のもち込んだ近代的な経済システムを自ら受け入れるようになっていったのでしょうか。これには白人の「教え」が深く関係していました。

白人の「教え」

白人たちにとって、アフリカで長くビジネスをつづけていくためには、アフリカ人自身が自発的に命令に従うようになることが重要でした。また、ヨーロッパでは、白人至上主義*の影響が根強く残っており、アフリカの文化や伝統は野蛮で、劣っていると本気で考えていたため、白人の文化や宗教、そして経済や政治システムなどあらゆる面で白人の制度や価値観をアフリカ人たちに植え付けていこうとしました。

コンゴの最高額の紙幣

白人至上主義：74ページ参照

まず、アフリカのリーダーたちに対する教育を徹底しました。宣教師たちが作った「学校」では、首長の子弟を対象に、キリスト教や英語、フランス語など、白人の教育も受けさせました。これに反抗した氏族の長たちもいましたが、最終的に多くのリーダーたちは、白人の宗教を信じ、白人の言葉を話し、白人の政治制度を学んで、そのやり方で人びとを統治するようになっていきました。

都市部では、大学*まで設立されアフリカ人エリートが育成されると同時に、地方の村々には学校や教会が作られ、草の根の人びとにも白人の教育やキリスト教が普及していきました。しだいに人びとは伝統的な考え方*よりも白人の文化や制度を自ら受け入れるようになっていったのです。

また、精神的なよりどころになっていた伝統的儀礼を執りおこなう祈祷師などは、人びとを扇動する力があると考えたため、徹底的に伝統宗教を破壊*していったといわれています。

白人の神様を信じ、白人のルール（法律）さえ守っていれば、災いや悪霊を恐れることなく、好きなだけ森の木を切ることも、生存に必要である以上の作物を栽培することも、大地を削り資源を掘り出すことも、あるいは、伝統的なタブーを犯すことも悪いことではないと思いはじめたのです。さらに、お金さえあれば、誰もが好きなモノを自由に手に入れ、その富を独り占めすることや、「土地」を売買することさえ許されるものだと教え込まれたのです。よくも悪くも、伝統

大学：キリスト教の宣教師らによって創設され、アフリカ人エリート層を育成した。以来、多くのアフリカ人指導者を輩出した。たとえば、ウガンダのマケレレ大学（1922年に技術学校として設立）は、オボテ（初代ウガンダ大統領、反政府軍指導者）、ニエレレ（初代タンザニア大統領）、キバキ（現ケニア大統領）などを世に送り出した。

伝統的な考え方の変化：「自然を敬い、不必要に森の木々を切ったり、むやみに自然を破壊してはいけない」が「森は開墾し、自然の資源は、人間が豊かになるために、どんどん利用（破壊）してもいい」という考え方になり、平和を維持するために機能してきた伝統的なルールや信仰も否定され、代わりに白人の都合で定めた「ルール」を守ることが大切だと教え込まれた。

伝統宗教の破壊：アチョリ語で伝統的な「神」を表す「ジョク」という単語は、現在では「悪魔」と訳されて使われている。アチョリ人自身が、伝統的な信仰を悪魔的だと批判することもある。

的な枠組みから解放され、近代的な考え方や制度を受け入れはじめたということです。

「伝統」と「近代」に引き裂かれた人びと

こうしてアフリカ人たちは白人の教育や宗教を通して、近代的な制度を学び近代国家へと歩みはじめましたが、白人たちにとって、本来の目的はあくまでも「自分たちの利益を最大限にすること」でした。つまり、植民地をヨーロッパとおなじように、近代国家として発展させることは手段にすぎなかったのです。そのため、半世紀以上の植民地支配を経て、アフリカは独立していきますが、じつに中途半端に欧米がもち込んだ考え方や制度が残されました。一部の地域や民族が近代化される一方で、ほかの地域や民族は教育も受けられず、近代化から取り残されました。アフリカ人たちにも、近代化を受け入れる人たちがいる一方で、伝統的な生活様式や価値観を守り抜こうとする人たちもいました。

また、ほとんどの宣教師たちは、植民地政府の政治的な都合に合わせて、布教活動をしていたので、スーダンでは、他の植民地とは逆に、支配者層に置いた北部の人びとはあえてキリスト教に改宗させず、南部ではキリスト教を広めていきました。北部のイスラム教徒をそのまま利用して、統治するほうがイギリスにとって都合がよかったからです。そして独立するとき、南部の人びとはキリスト教徒、北部はイスラム教徒のままという宗教対立の構図も残しました。

さらに、さきほど大学を作って、アフリカ人エリートの養成をしたといいましたが、白人たちは、もっていた知識や技術を惜しみなくあたえることはしませんでした。とくにコンゴでは、統治したベルギーは、初等教育はおこないましたが、中等教育はごく限られたもので、高等教育はほとんどおこなわれず、独立時に、大学を卒業した者は、全人口約1000万人中、わずか21名というありさまでした。*

近代的な開発や産業化をすすめるための「技術」がアフリカの地に移転されることもほとんどありませんでしたし、軍人たちは、軍隊としての規律も十分教えられないまま放置されました。法律や規則は、現在の民主的な法とはかけ離れた未成熟なものしか残されませんでした。

ヨーロッパ諸国は、知識や技術を、銃とおなじように、反植民地支配あるいは白人の経済的利益を脅かす大きな武器になることを心得ていたのでしょう。けっきょく、白人の知識や技術を「どこで」「誰に」「どれだけ」「どのように」あたえるかという基準が、あくまでも白人（それぞれの宗主国）が「利益を得るためには」という都合で決められていたということです。

こうして、アフリカには中途半端に近代化された知識や制度がアンバランスに植え付けられました。そして、「伝統」と「近代」という相容れない考え方や価

＊小田英郎［1986年］89ページ、井上信一［2007年］28ページ

値観が、まるでモザイクのように人びとの心や社会のなかに残されていったのです。

ウガンダ北部で生まれた文学者のオコト・ビテック*は、この白人の都合で植え付けられた価値観によって、「伝統」と「近代」に引き裂かれた人びとの葛藤を「ラウィノの歌」という詩で表現しています。次のページに、全文を紹介しました。これは、白人の近代的な考え方を受け入れた夫に対する妻・ラウィノの言葉です。

かつては、氏族の伝統に誇りをもち、それを先祖から受け継いできたはずの首長の息子（ラウィノの夫）が、その誇りを失ってしまった悲しみと、その夫に蔑《さげす》まれる妻（ラウィノ）の葛藤を描いたこの詩は、現在の混沌とした価値観の入り交じるアフリカ社会を象徴しているように思います。

さて、植民地支配を経て、アフリカの国々は20世紀後半に入りつぎつぎと独立していくわけですが、だからといって、アフリカ人が平和で幸せな暮らしをとりもどせたわけではありません。むしろ、この時代から、アフリカ人同士の激しい紛争がつづいています。多くの子どもたちが兵士として戦いに駆り出されるようになったのもこの頃からです。その理由を第7章で探っていきたいと思います。

オコト・ビテック：1931～80年、ウガンダ北部地域出身の作家。イギリス留学を経て、ウガンダのマケレレ大学で教授を務めた。

ラウィノの歌

夫よ、あなたは　もはや
わたしを　さげすんでいる
私に意地悪をする
わたしは、伯母の愚かさを
うけついでいるという
氏族の長の息子よ、あなたは
いま　わたしを　たとえば
ゴミ棄て穴のごみに、
あなたはいう　もうわたしを
欲しくないと
それは　わたしが
荒れた古屋敷に残された
古物のようなものだから
あなたは　わたしをはずかしめる
わたしを笑いものにする、
あなたはいう　わたしがＡＢＣのＡの字も知らないと
私が学校に上がらなかったから
洗礼をうけていないから

夫はいう　わたしが未開人だと
ギターが弾けないから、
夫はいう　わたしの眼は
死んでいると
字が読めないと、
夫はいう　わたしの耳は
ふさがっていると
外国のことばがまるっきり
わからないと
私には銅貨の勘定も
できないという
夫はいう　わたしがまるで羊だと
愚かものだと

（『ラウィノの歌／オチョルの歌』オコト・ビテック著、北村美都穂訳［２００２年］新評論より）

第7章

ぼくたちの村で
戦争がつづく理由

アフリカで紛争がつづいている原因は、アフリカ人の伝統や文化のせいでもなければ、宗教や民族などの「違い」でもありません。白人がやってくるまでの何千年もの間、狩猟や農耕、牧畜を営む数え切れないほどの氏族（クラン）の「違い」があっても、伝統的なルール*で問題を解決してきました。13世紀にアラブ系のイスラム教徒がやってきたスーダンでも、いまのような争いに発展することはなかったのです。

しかし、奴隷狩りや植民地支配、西欧圏のもち込んだ「近代化」を経て独立したアフリカでは、アフリカ人同士の悲惨な紛争がつづいています。

消えない「憎しみと悲しみ」の記憶

争いが起こるもっともシンプルな理由は、人びとのなかに争いの火種があるからです。誰もが、心に怒りや不満を感じることはあっても、多くのばあい、暴力に訴えずに感情をコントロールすることができるかもしれませんが、あまりにも大きな火種が心を支配すれば、暴力事件や争いに発展します。

アフリカで起こっている紛争でも、当事者たちはコントロールできないほどの怒りや悲しみを過去の紛争から積み重ね、心のなかに抱えています。紛争を経験した人びとの悲しみや心の傷は、紛争が終わったからといって癒されるものではなく、根深く記憶に残りつづけ、自分の家族を殺した相手に対する憎しみや不信

伝統的なルール：48ページ参照

ルワンダの大虐殺から15年目に開催された式典。泣き崩れて病院に搬送される人びとが続出した。心の傷や悲しみがいかに根深いものかを実感させられるできごとだった（32ページ参照）

感、憤りなどの感情は簡単に消え去るものではありません。

さらに、白人にうまく利用され、嘘や裏切り、弾圧、虐殺、分断によって長年にわたって傷つけられたという歴史が紛争の火種として幾千にも積み重なっているのです。民衆のなかで肥大化してしまったこうした火種が、その後の紛争、または近隣地域の紛争にもつながっていきます。

その典型的な例は、ルワンダとブルンジにおけるツチ人とフツ人の争い*です。50万人以上もの大虐殺につながったルワンダ愛国戦線の侵攻（1990年）を指揮したカガメ*（現・ルワンダ大統領）は、3歳の時に、フツ政権の圧制で国を追われたツチ人難民でした。

また、最近までブルンジで武装闘争をつづけていたフツ系の国民解放軍*（FNL）は、40年以上も前（72年）の大虐殺から隣国のタンザニアに逃れたフツ人難民や、その子どもたちで構成された反政府軍でした。

両国でつづいている紛争は互いに飛び火しながら、過去の紛争や虐殺が、世代を超えて新たな紛争の火種を生んでいるのです。決して、突発的に大虐殺が起こったわけはありません。

ただし、誤解してはいけないことは、単純に民族や宗教、人種などの「違い」が、感情的にぶつかっているだけではないということです。フツ人とツチ人のあいだで結婚した人や、親戚同士という人、また長年にわたってご近所付き合いを

ツチ人とフツ人の争い：29ページ参照

ポール・カガメ：現・ルワンダ共和国大統領。幼少からウガンダで育ち、1979年、ルワンダ愛国戦線（RPF）の前身となるルワンダ国民統一同盟（RANU）を結成。80年代、ウガンダに居住するツチ難民らを動員し、現・ウガンダ大統領のムセベニとともに、当時のウガンダ政府軍（オボテ軍）と戦った。ムセベニが政権を奪取した後、ウガンダ政府軍の少佐を務め、87年にRANUをルワンダ愛国戦線に改名。90年のルワンダ侵攻を指揮し、94年以降、実質的にルワンダの実権を握り、00年に同国大統領に就任。（E.D. Mushemeza［2007年］104〜113ページ）

国民解放軍（FNL）：ブルンジでもっとも長く反政府活動をつづけたフツ系武装勢力。1972年の大虐殺から逃れたフツ人知識層、フツ難民によって結成。80年代は、コンゴのルジジ高原を拠点に300名程度の兵力を維持する程度だった。93年のブルンジ内戦勃発を契機に、1000〜3000の戦闘員を確保し、反政府活動を活発化させ、2006年まで大規模な戦闘を継続した（Hans Romkema［2007年］6ページ）。

してきた人びともたくさんいます。

コンゴ紛争でも、「昨日の味方が今日の敵」というように、さまざまな利害関係のなかで対立軸はいくども変わっています。ウガンダ北部では、おなじ民族への襲撃や虐殺が繰り返されていました。スーダンの内戦（第2次内戦）では、おなじ軍にイスラム教徒とキリスト教徒がいましたし、アラブ人同士が戦うこともありました。

当事者たちが、どんなに複雑な心境に置かれているか、想像してみてください。人びとの感情は、民族や宗教などのグループで単純に区切ることができるものではないのです。ときには、どこに向ければいいのかもわからない怒りや憤りを一人ひとりが心に抱えつづけているということです。

じっさいには、こうしたアイデンティティ*の「違い」が、さまざまな要因と絡み合い、紛争をつづけたい人びとによってうまく利用されているのです。

白人の真似をするアフリカのリーダーたち

日常の生活で起こっている、あまりにも不公平な経済的格差や、社会的な不平等もまた大きな火種を作りつづけています。

独立した後、ほとんどのアフリカの国々は、民主的な選挙で国の代表を選ばず、軍事力で制圧した者が権力を握りました。

アイデンティティ：自己同一性。自分が何者かという意識。自分が属しているグループ（国や宗教、民族、氏族、文化圏など）への帰属意識、または、おなじグループ内での仲間意識や同胞意識。人びとのアイデンティティは、「複数」存在するが、その一つを強調、または紛争を引き起こしたい人びとに煽られることによって、他人に対する暴力を生み出すことにもつながると指摘されている。（アマルティア・セン［2011年］）

そして新しい統治者たちは、まるで、白人のやり方を真似るかのように、逆らう者やいうことを聞かない者は容赦なく弾圧し、支配者に都合のいいルールを作り、土地や財産の所有も、資源の利権も、税金の徴収も、その使い道も一部の支配者層が思うままにすすめようとしたのです。けっきょく、独立した後も、一部の人間がほかの人びとを搾取して富を独占するという権力構造は変わらず、不公平な政治や経済がつづいています。

宗教や民族の対立に見える紛争も、ひも解けば、じっさいには、これら現実の政治経済的な利害と結び付いた「権力闘争」であることがほとんどです。

権力を維持したい支配者層にとっても、それを奪回したいと考える反政府軍の指導者にとっても、民族意識などのアイデンティティを利用*することは、仲間の結束力を高める上でも、敵対心を煽る上でもとても有効なやり方だったのです。また、白人がおこなった分断統治とおなじように、おなじグループ（民族）内の結束力を奪い、分断を仕向けたり、民族的つながりを利用して権力を強化するという構造が、現在のアフリカ社会でも根強く残っています。

たとえば、比較的、権威主義的でない現在のウガンダでさえも、一般市民の月給はせいぜい１万円程度で、国会議員はその70倍（約70万円）の月収を得ています。そして、政府高官や税金の徴収機関で働くエリート層なども数十〜１００倍近くの収入を当然の報酬として得ています。その恩恵に与《あずか》っているのは、主にム

アイデンティティの利用：たとえば、ウガンダで生まれ育ったルワンダ愛国戦線（ＲＰＦ）の兵士のなかには、自分が（ルワンダのツチ人ではなく）ウガンダ人であると思い込んでいた者もいた。しかし、80年代、ポール・カガメらは「ルワンダ系ツチ人」であるという共通のアイデンティティを利用して、かれらをリクルートしていった。（E.D. Mushemeza［２００７年］１０４〜１１３ページ）

セベニ大統領の出身地である南西部の人びとです。*

さらに悪いことに、アフリカでは政治家や役人が海外とのビジネスや援助マネー*で私服を肥やすなど、汚職やわいろの問題が後を絶たないのです。

現在では、こういった不公平をメディアが訴えたり、市民が政府を批判することも、多少は許されていますが、独立後の冷戦期*には、言論の自由はほとんどありませんでした。反抗する人びとは植民地時代とおなじように弾圧を受け、ひどいばあいには虐殺されていたのです。

このように過去の紛争での「恨みや憎しみ」の記憶だけでなく、独立後から現在もつづいている公平・公正でない政治や社会、そしてあまりにも大きな経済的格差が紛争を引き起こす大きな火種になっているのです。

国家を運営する能力がない

アフリカの指導者たちが、白人とおなじようなやり方で、富や権力を独り占めできたからといって、統治する能力までかれらとおなじようにもっていたわけではありません。むしろ、近代的な知識や制度が十分にないまま、独立を迎えたために、自分たちだけで国家を運営する能力がそなわっていませんでした。

法治国家として法律を整備する能力や、それを執行する警察や裁判所、そして、文民が軍隊をコントロールする能力や、多様な国民層を一つにまとめる政治

ムセベニの分断作戦：1990年代、ムセベニ大統領はアチョリ人主体の神の抵抗軍を掃討する際に、同じアチョリ人の政府軍兵士らを起用（利用）した。そのことが一因で、以前は反ムセベニ政権を掲げて、アチョリ住民から一定の支持を得ていた神の抵抗軍は、同じアチョリ人らに対しても、（南部のムセベニに取り込まれた）「汚れたアチョリ人である」として襲撃や虐殺を繰り返すようになったと言われる（元神の抵抗軍兵士の証言）。

援助マネー：アフリカの国家財政の大半が欧米諸国などからの援助マネーに依存している。ウガンダの国家予算の5割近くは海外からの財政支援。援助マネーは貧困削減など途上国の「人びと」にも役立つが、現地の経済格差や不平等、不必要な依存をもたらすこともある「諸刃の剣」である。（小川真吾［2011年］）

独立後の冷戦期：1950年代後半〜80年代末まで。独立後のアフリカ諸国は、東西冷戦下、米ソ両大国から多額の資金援助を受けて経済開発をすすめたが、このような開発資金は独裁政権を支えることにもつながった。この時期の政治体制は、「開発独裁的体制」とも呼ばれている。冷戦後、このような体制は後退し、アフリカでも民主化が促進されるようになった。

的な能力、国民が生活の糧を得るために十分な経済政策を施す能力など、近代国家を運営する能力には限界がありました。

こうした十分な国家運営がされないまま、国が不安定な状態に置かれていることが、紛争を発生させる基盤となりました。国民に満足した生活をあたえることも、さまざまな民族・グループ間の利害関係を調整することもできず、国内にはいくらでも不満分子があふれていましたし、コントロールしきれない軍部は、クーデターを起こしたい外部勢力の恰好の標的になりました。

アフリカ人自身の力で紛争の火種を抑えることができなかったのは、①近代国家として治安を維持し、国内を統治する能力が十分になかったこと、②この外部勢力と対等に外交ができるほどには国として政治的、経済的に自立できていなかったことが大きな要因です。

しかし、じっさいには、紛争が起こっていることを当事者（アフリカ人）だけの責任にすることはできません。なぜなら、独立した後も、ヨーロッパ諸国など「外部勢力」がアフリカでの紛争に大きくかかわっているからです。アフリカで独裁政権がつづき、一部の人びとが富と権力を握っていることも、国内が不安定な状態に置かれていることも、じつはこれら外部勢力との関係の中で起こっていることなのです。

アフリカで紛争がつづいている、より根本的な理由について、これから述べていきたいと思います。

火種を燃え上がらせる「資金」「武器」「知識・情報」

独立後のアフリカにおける紛争は、昔の氏族同士の小規模な争いでもなければ、農民の一揆や暴動のようなレベルでもありません。近代的な武器が使われ、何万人、何十万人が殺されるという紛争です。このような紛争を引き起こしつづけていくためには、どうしても必要なものがあります。

それが「武器」と「資金」と「知識・情報」の3つです。

この3つのどれももたない、貧しい住民や、紛争で家族を殺された人びとが、怒りや憎しみ、不満という火種を吐き出したところで、このような紛争には発展しません。〝感情的な理由〟で起こせるようなものではないのです。

①「資金」がなければ大人数を組織して、戦いつづけることはできません。

②「武器」がなければ、紛争を起こすことも継続することも不可能です。

③「知識や情報」がなければ、戦いの「正当性」を説いて人びとを動員（扇動）することもできませんし、兵士を養成したり、軍事的な作戦を立てたり、武装グループを統率することもできません。

国内要因としてくすぶりつづける火種は、油が注がれない限り、大きく燃えつづけることはあり得ないということです。

コンゴ紛争で使用された小型武器

アフリカの武装勢力の指導者は、無知な乱暴者だと誤解されがちですが、じっさいには、反政府軍のなかでも、欧米に留学経験のある者や、高等教育を受け、何カ国語も操り、高度な交渉能力や、政治的な駆け引きに長けた知識人が少なくありません。

たとえば、コンゴ紛争では、ダルエスサラーム大学の元教授であったベンバ氏（コンゴ解放運動*の指導者）や、富豪ビジネスマンのワンバ氏（コンゴ民主連合*の指導者）などが反乱軍のリーダーとして主要な役割を果たしていました。また、スーダン南部の反政府軍（スーダン人民解放軍*）指導者のジョン・ガランは、アメリカの大学で博士号まで取得した人物でした。

ウガンダ北部の「神の抵抗軍」でも、武器や弾薬の調達だけでなく、衛星電話やGPS、ノート型パソコンを駆使しながら、情報収集や外部との通信、資金調達を多言語でおこなっていますし、近隣諸国やイギリスなど海外にも幅広い人脈をもっています。

紛争をつづけていくためには、「知識や情報」をもった人材が不可欠です。そのため、知識人はしばしば紛争の標的にされてしまいます。たとえば、ブルンジの大虐殺で殺されたフツ人のほとんどは教師や医師、政治家などの知識層でした。近代的な武器を使い、たった４カ月間で20万人のフツ人知識層が戦略的に虐殺されたのです。そのおかげで、その後の21年間は、少数派のツチ政権が、多数

コンゴ解放運動：ＭＬＣ。17ページ表参照

コンゴ民主連合：ＲＣＤ。17ページ表参照

スーダン人民解放軍：ＳＰＬＡ。28ページ参照

「神の抵抗軍」から政府軍が押収したパソコン、プリンター、無線機などの通信機器（撮影：フリージャーナリスト下村靖樹）

派のフツ人を統治することができたという人さえいます。

つまり、「資金」と「武器」と「知識・情報」が、まるで火種を燃え上がらせる油のように外部から流入していることこそが、アフリカで紛争を引き起こし、長期化させているもっとも大きな要因なのです。

そして、これらの油を独立後のアフリカに注ぎ込み、うまく利用してきたのは、ヨーロッパの国々やアメリカ、イスラエル、ソ連（ロシア）、中国などの「外部勢力」です。

なぜ、これらの国々は、アフリカに悲劇をもたらすようなことをおこなってきたのでしょうか。

武器ビジネス

「三つの油」のうち、もっとも直接的に紛争を引き起こし、長期化の原因になっているのが、武器の存在です。アフリカにある大量の武器は、外国から運び込まれたものです。

その目的の一つは、先進国の〝武器ビジネス〟。武器を開発・生産している国や企業が武器を売って利益を得たいからです。いま、アフリカの紛争で多く使用されている自動小銃や機関銃などの小型武器は、8億7500万丁が確認されています。これら小型武器の生産に関わっている企業は、少なくとも世界92カ国

ウガンダで集められた不法小型武器

1249社以上だといわれ、ほとんどは先進国の企業です*。

現在、世界最大の武器輸出国であるアメリカには、銃器販売店がマクドナルドの10倍もあり、多くの人たちが武器関連の産業で働いています。そのため、武器産業の利益は守らなければいけないという理屈です。

ですから、国連事務総長が「事実上の大量破壊兵器*」とまで呼んでいる小型武器については、いまだにその取引を規制する条約すら存在しません。国連では、何度も小型武器問題についての会議が開かれていますが、そのたびに武器ビジネスに関わる企業のロビイスト*たちによって効果的な規制は骨抜きにされつづけています。

植民地時代に白人の宣教師たちがアフリカに武器をもち込んで以来、100余年の歴史でみても、小型武器を含めた兵器をもっとも大量に生産しているのは、イギリスやアメリカなどの大国です。冷戦の時代は、アメリカとソ連の代理戦争のために大量の武器がアフリカに流れ込みましたし、冷戦後は、大国（ソ連）に備蓄されていた約7000万丁の小型武器が、まるで在庫一斉セールのように安価で売り飛ばされ、それらがアフリカの紛争地域へ拡散していきました。

冷戦後、大国の軍事費は減少しましたが、それでも、世界の武器（通常兵器*）の約9割は五大国（英、米、仏、露、中）で取引*されており、その3分の2はアフリカなど貧しい途上国を対象にしています。さらに、アメリカ、イギリス、フ

＊ Small Arms Survey 2004［2004年］8ページ

「事実上の大量破壊兵器」：2000年、当時のコフィー・アナン国連事務総長による「国連事務総長ミレニアム・レポート」において言及された。世界の紛争による犠牲者の9割以上は、小型武器によるものであることから、こう呼ばれるようになった。（鬼丸昌也・小川真吾［2005年］）

ロビイスト：政府の政策策定や国際会議の意思決定に影響力を及ぼすために活動する個人や民間組織。地球規模の課題解決を目的に、活動するNGOのロビイストもいれば、私企業の利益や特定集団の利益を求めて、活動するロビイストもいる。国連会議では通常、ロビイストたちが政府代表団に働きかけをおこない、それが会議の意思決定に影響力をもつことも少なくない。

通常兵器：核兵器、生物・化学兵器を除いた兵器。大きく分けて、戦車や戦闘機、攻撃ヘリコプターなどの「重兵器」と、地雷や機関銃などの「小型武器」がある。

大国の武器取引：02年に世界中でおこなわれた武器取引の3分の2は、アジア、中東、ラテンアメリカ、アフリカを対象としていた。また、これらの地域に輸出された武器の90％は、国連安全保障理事会

ランスの3カ国が武器貿易によって得ている収益は、3カ国が途上国におこなっている「政府開発援助」*（ODA）の額より多いのです（2004年）。

また、冷戦後の10年間で約400万丁の小型武器が回収されましたが、その一方で、毎年800万丁の新たな小型武器が生産されました。つまり、貧しい国を援助しながら、その援助額以上のお金を武器取引によって儲けたり、地雷の除去や小型武器の回収・破壊をしながら、その20倍の小型武器を生産しつづけているのです。

これに加えて、過去に生産された小型武器も、さまざまな国や地域を経由して紛争地域に不法に流入しています。いまもアフリカには約3000万丁の小型武器があり、その79％が武装勢力など民間人によって所持されています。貧しい兵士が生活のために銃を売り払ったり、不自然に引かれた国境を越えて密輸されたりしながら、武器は拡散しているのです。

強盗集団の権益争い

武器がアフリカに流入している原因は、武器産業のお金儲けのためだけではありません。当然のことかもしれませんが、武器は人を殺したり、国を侵略したりする「力」をもつ道具ですから、欧米の国々は自分たちの都合に合わせて武器をアフリカにもち込みました。

の常任理事国5カ国から輸出されたもの。(Control Arms Campaign［2004年］)

政府開発援助（ODA）：Official Development Assistance。先進国の政府が開発途上国に対しておこなう無償援助や有償援助。

国連会議で武器産業の利益を代表して活動する企業のロビイストたち（2006年、国連小型武器行動計画履行検討会議にて）

その都合とは、ほかの国より多くの「権益（勢力圏）」を確保することでした。この権益争いこそが、「三つの油」がアフリカに蔓延することになった一番の理由です。

かつて、植民地を確保するために、アフリカの首長に「銃と金品（装飾品）」をあたえて支配地域を広げたように、独立したアフリカ各国にも、大国は競って「武器と資金」をもち込み、勢力圏を広げていきました。国内の知識層や不満分子、そして欧米で教育を受けた者たちに政治的な思想を植え付けたり、さまざまな情報や、軍事訓練、戦術をあたえたりしながら、自国の権益確保のために利用してきたのです。

それぞれの植民地が一つの宗主国によって独占されていた時代から、いくつもの国々がアフリカでの権益を求めて、自由に、はげしく奪い合う時代がはじまったともいえるでしょう。

たとえるなら、これまで「イギリス組」という強盗集団が単独で仕切っていた「アフリカ村」に、べつの強盗団（アメリカ、ソ連、イスラエル、中国など）が入り込んで縄張り争いをしているような状態です。そして、いままで「イギリス組」が、一部の住民に武器を渡して、「イギリス組の教え」を説きながら、住民を従わせていたことと、まるでおなじことをはじめたのです。

しかし、独立してしまったアフリカ村で、植民地時代とおなじように住民を従

ウガンダで回収された小型武器の破壊式典。台形に積まれた小型武器約３０００丁を一般市民の見守る中、焼却するセレモニーがおこなわれた（左は現地ＮＧＯ職員、右は筆者）（２００５年）

わせることはできません。そこで、強盗集団たちは「資金」（援助と投資）という武器を有効に使って、一部の人びとを利用しようとしたわけです。そのおかげで、開発が進んだ地域もありましたが、この自己中心的な「援助と投資」は、一部の権力者たちに富を独占させ、独裁政権を支えることにもなりましたし、逆に、政権を転覆させるための反政府軍の資金源にもなりました。

たとえば、コンゴの独裁者モブツ*を30年にわたり支援しつづけたのはアメリカでしたし、逆にそのモブツを追いやるための反政府勢力をウガンダ、ルワンダ、ブルンジの後ろから資金的、軍事的に支援していたのもアメリカでした。

強盗集団は自分たちに従いそうな住民（政権）には、武器と資金を流し込み、いうことを聞かなくなったら、敵対するべつの住民（反政府勢力）を支援して、最初に利用していた住民（政権）を転覆させるようにしくんでいたのです。

さらに、強盗集団のなかにはいつも派閥争いがあり、「資本主義勢力——社会主義勢力」「英語圏——フランス語圏」「欧米・イスラエル——イスラム原理主義勢力」など、時代に応じて敵味方、ライバル関係が複雑に変わっていました。アフリカ村は、強盗集団の派閥争いに翻弄されながら、国内の火種がますます大きく、そして複雑に燃え上がっていったというわけです。

いまも昔も変わらない「物語」

モブツ：14ページ参照

では、外国の勢力は、いったいどんな「利益」をアフリカで確保したかったのでしょう。

一つ目は、自国の安全を保障できるという利益でした。

とくに、冷戦時代は、アメリカが主導する「資本主義陣営」とソ連が主導する「社会主義陣営」に分かれて、互いの勢力拡大を目指して、核開発や軍事増強競争をしていました。双方にとって、自分の味方（勢力圏）を確保することは、安全保障という面から重要な課題でした。

二つ目は、経済的拡大です。

強盗集団が武装するのは、自分の身を守るためだけではなく、「強盗する」という目的を果たすためです。大国が「力」（軍事力や勢力圏）を拡大したのも、ただ単に「マス取りゲーム」をしていたわけではありません。敵陣営から身を守ることとともに、経済的拡大をアフリカに求めていたのです。

アフリカ中東部でもっとも大きな経済的利益を生むと考えられていたのは、アフリカ大地溝帯*付近に眠る地下資源です。この地域では、植民地時代から、地質調査が何度もおこなわれており、じっさいに多くの鉱物資源が発見されています。具体的には、スーダン南部の石油とコンゴ東部のさまざまな鉱物資源です。

ウガンダ、スーダン、ルワンダ、ブルンジ、コンゴで起こった大規模な紛争は、すべて、この地域の「権益争い」に深いつながりをもっています。とくに冷

アフリカ大地溝帯：グレート・リフトバレー。アフリカ大陸を南北に縦断する渓谷。エチオピアから東アフリカを縦断する東リフトバレーとウガンダからルワンダ、ブルンジを縦断する西リフトバレーなどがある。大地溝帯付近に位置するコンゴ東部やウガンダ西部のアルバート湖周辺、スーダンのムグラド盆地（アビエイ地区）では、大規模な油田が確認されている（129ページ参照）。

戦後の紛争は、この地域の資源をめぐる争いか、そこへの足がかりとなる国や地域などを獲得するための争いでした。

自分たちがほしいものを手に入れるためにアフリカに介入していったという点では、〝資源と原料〟を求めて、植民地の争奪争いをしていた頃とおなじことが、独立後もつづいているわけです。コンゴの「紛争鉱物」を調査したあるNGOのレポートには、「昔とおなじ物語*」というタイトルが付けられ、コンゴでは、100年以上昔のベルギー国王レオポルド2世*の時代からいまに至るまで、おなじパターンで資源の搾取がおこなわれていると報告しています。

植民地期と違うことは、宗主国だけでなく、各国（または各企業）が、より自由に資源を調達できるようになったという点です。それだけ、権益をめぐる競争がはげしくなり、より多くの国から三つの油（「資金」「武器」「知識・情報」）が複雑に入り込んでいるということです。

スーダン南部の石油とコンゴ東部のさまざまな鉱物資源をめぐる権益争いが、どのようにつづいてきたのかをもう少し具体的に紹介しましょう。

スーダン南部の石油をめぐるスーダンの南北内戦

スーダンには、確認されているだけで63億バレル*の石油があるといわれていますが、その75％は南部に集中しています。

＊Global Witness［2004年］

レオポルド2世：83ページ参照

バレル：樽の意味。原油や石油製品の計量の単位。1バレル＝約160リットル。

スーダンで石油探しが本格化したのは、1950年代末にさかのぼります。その頃、スーダン南部では植民地時代に虐げられてきた南部住民が反乱を起こしていましたが、南部全体を統率するほど大きな力はありませんでした。

かたや、北部のスーダン政府は「社会主義陣営」に傾いていました。それに対抗して、60年代末からイスラエルとアメリカは南部の反政府勢力にイスラエルで軍事訓練を受けさせ、武器と資金をあたえました。するとたんに、南部の諸勢力は統一され、72年には北部政権から一部の権力を奪い取ることに成功します（第1次内戦が終結）。

すると北部のスーダン政府はじょじょに「資本主義陣営」（欧米側）に傾きはじめ、75年、アメリカの石油会社シェブロン社*が石油の採掘権を獲得します。

その後も、アメリカはスーダン政府にアフリカ第2位の規模の援助をおこない、スーダン側もアメリカの核廃棄物受け入れに同意するなど、両者の友好関係は深まっていきます。78年には、シェブロン社がついに石油を発見し、スーダン政府と合弁会社*を立ち上げ石油開発をすすめていこうとしていました。

ところが、石油が発見されても大多数の南部住民は、あいかわらず、北部との格差と不平等のなかで虐げられつづけていました。そして、83年にふたたび南部で紛争（第2次内戦）が勃発し、その矛先はシェブロン社にも向けられました。油田開発の中止を求め、反政府軍は3名のシェブロン社の社員を誘拐して殺害しました。

シェブロン社：1879年設立（本社：カリフォルニア州サンラモン）。国際石油資本（スーパーメジャー）6社のうちの一つ。植民地期に巨万の富を築いたロックフェラー財閥のスタンダード・オイルから1911年に枝分かれした石油資本。ジョージ・W・ブッシュ政権時にアメリカ国務長官だったライスが取締役を務めていた（1991〜2001年）。

合弁会社：1981年に米国シェブロン社とスーダン政府の合弁で設立した「白ナイル石油公社」。82年には、ハルトゥームの南方400マイルほどのところでもアダール油田が発見されるなど、石油開発が順調に進むと期待された。（富田正史［2002年］157〜158ページ）

この時期、南部勢力を支援しはじめたのは、「社会主義勢力」でした。おまけに、親米政権だったはずの北部政府は「イスラム原理主義勢力」との関係を強めていきます。こうしてスーダン国内での基盤を失ったアメリカは身動きがとれなくなり、85年には、シェブロン社も撤退を余儀なくされました。

しかし、91年、ソ連が崩壊すると、アメリカは巻き返しを画策し、ふたたび南部の反政府勢力（スーダン人民解放軍*）に武器と資金を流し込み、反米政権となったスーダンを攻撃しはじめます。この対スーダン政策*が１９９０年代半ば以降、スーダン内戦が長期化し、２００万人もの犠牲者を出すことになった根本的な原因です。

スーダン南部の石油をめぐるウガンダ北部の紛争

１９９０年代、アメリカはスーダンの反政府勢力（ＳＰＬＡ）を支援する際に、隣国（ウガンダ、エリトリア、エチオピア）を通しての支援も強化していました。エリトリアとエチオピアには反政府軍を訓練する基地を作り、アメリカ軍の教官が訓練をおこない、そこからスーダン政府攻撃の兵士を送り出していました。

また、ウガンダ政府はアメリカの支援で誕生した親米のムセベニ大統領でしたから、アメリカはウガンダ政府を通して、スーダンの反政府勢力へ積極的に支援

スーダン人民解放軍（ＳＰＬＡ）：28ページ参照。

対スーダン政策：１９８９年にアル・バシール大統領が就任してから、スーダンはイスラム法を導入。それに反発するアメリカは、93年にスーダンをテロ支援国家に指定。湾岸戦争時に、アメリカは大量の化学兵器がイラクからスーダンに運び込まれているなどと主張したが証拠は出なかった。96年には国連安保理決議に基づき日本などもスーダンへの制裁を実施した。（富田正史［２００２年］１３７〜１４３ページ）

しました。

このことが、ウガンダ北部の「神の抵抗軍」を増強させ、紛争を長期化させていくことにつながりました。スーダンは、ウガンダ政府による反政府軍の支援を阻止するために、ウガンダ国内の反政府勢力（「神の抵抗軍」）へ武器や資金を大量に流し込んだのです。

じっさい、この頃（94年）、すでに「神の抵抗軍」は弱体化し、政府側との和平交渉*もほぼまとまりつつありました。同時にウガンダとスーダンの関係も改善*に向かっていました。ところが、アメリカの意を受けたウガンダ政府側は、無理難題を押し付け、「神の抵抗軍」との和平交渉を破綻させ、さらに、翌年、スーダンとの外交関係も断絶したのです。

この時を境に、北部スーダンから大量の武器や資金が、「神の抵抗軍」に流れ込むようになり、息を吹き返した「神の抵抗軍」が、ウガンダ北部で子どもの誘拐や残虐行為を繰り返すようになったのです。つまり、スーダンの南北内戦とウガンダ北部の紛争の長期化や子ども兵の問題は、一見、それぞれの国内での内戦にみえますが、じっさいには、スーダンの石油をめぐるアメリカの資源戦略のなかで、一つにつながっていたのです。

1994年の和平交渉：93年11月からはじまったウガンダ政府と「神の抵抗軍」の和平交渉。過去もっとも成功した和平交渉といわれている。「神の抵抗軍」の元司令官によると、当時の主要な兵力は100人未満にまで減少しており、軍は完全に弱体化していた。このような状況下で、「神の抵抗軍」は政府軍との停戦を望み、兵力を集め、動員解除することにも合意していた。しかし、その後、政府側が「1週間以内に投降せよ」という無理な要求を押し付け、翌年、和平合意は決裂した。

スーダンとウガンダの関係改善：スーダンとウガンダの敵対関係はエスカレートしていたが、94年5月に両国の大統領がウィーンで会談し、それぞれの反政府勢力への支援を控えることにしていた。しかし、翌年、両国は外交関係を断絶し、それぞれの反政府勢力への支援を強化していった。
（富田正史［2002年］145ページ）

コンゴ東部の資源をめぐる争い

植民地時代から、さまざまな鉱物資源が採掘されていたコンゴ東部は、大国の権益争いの最終地点、ひいてはアフリカ中東部の紛争の震源地といっても過言ではありません。

コンゴ独立運動を指導したルムンバ*は、初代首相に就任した後、これ以上コンゴの資源、とくに南部カタンガ州の権益*を欧米諸国に搾取されない政策を掲げました。しかし、コンゴ動乱*の最中の1961年に暗殺されてしまいます。暗殺の背後にはベルギーとアメリカがいたといわれており、ルムンバの親族は未だにベルギー政府を殺人罪で訴えています。

ルムンバの後、アメリカの支援を受けて大統領になったモブツは、ルムンバの政策を投げ捨てて、大量の資源をアメリカやベルギーなど外国に売り渡しつづけました。

67年、モブツは国内最大の鉱山会社、ユニオン・ミニエール*を国有化しますが、独立前に十分な会社運営の能力もあたえられていなかったコンゴ人による経営は立ち行かず、けっきょく、海外の企業を呼び込まざるを得ませんでした。いまもこの国営企業（ジェカミン）は、イギリス、アメリカ、カナダ、オーストラリアなどの外資系企業と共同で銅やコバルトなどの資源採掘をつづけています。

パトリス・ルムンバ：1925〜61年。コンゴ独立の父。一貫して植民地主義を批判し、コンゴ人が国民として結束することを訴え続けた。独立式典では、ベルギー国王が、レオポルド2世を「征服者ではなく文明の使者」であったと述べ、植民地支配を「愛と保護」によるものだという主張に対して、ルムンバは理路整然と批難した。1961年に殺害される直前に書かれたルムンバの遺書には、こう書かれている。「もしかしたら二度とあえないかもしれない息子たちに、わたしはいいたい―コンゴの未来は美しい。わたしは息子たちに、一人ひとりのコンゴ人に期待するのと同様に、われわれの独立と主権を回復する聖なる課題を果たしてくれることを期待する」（パトリス・ルムンバ［1961年］）

カタンガ州の権益：ベルギーから独立する前年の1959年、コンゴは世界の銅の9%、コバルトの49%、工業用ダイヤモンドの69%、スズの6・5%を産出していた。なかでも、ユニオン・ミニエール社の拠点となっていたカタンガ州は、最大の経済的利益を産み出しており、同州だけで、全国内生産および国内収入の約3分の1、外国貿易の40〜50%、国庫歳入の40%を占めていた（キャサリン・ホスキンズ［1965年］12〜13ページ）。同州の権益をいかに確保するかが欧米諸国にとって最大の関心事だった。

また、コンゴのダイヤモンドや金、タンタル、ウラン、石油などを採掘する企業の多くも外国資本によって支配されており、植民地時代と変わらず、外国の「企業と資本家」たちが莫大な富を得るしくみがつづいています。

しかし、そこに至るまでには、欧米諸国による資源をめぐる、熾烈な抗争がありました。

モブツの独裁ぶりは、レオポルド2世にも負けず劣らず、ひどいものでしたが、30年もの間、アメリカはモブツ政権に武器と資金を流しつづけていました。あくまでも自国の経済的利益（鉱物資源）さえ確保できていれば、「コンゴ国民が、虐げられようが関係ない」という欧米諸国の本音と同時に、コンゴ隣国に勢力を広げていた「社会主義陣営」にコンゴの権益を奪われたくないという思惑が「資本主義陣営」にあったからです。

ところが、冷戦が終わり、社会主義が崩壊すると、今度は、「資本主義陣営」の内部に眠っていた、「英語圏対フランス語圏*」の抗争が表面化します。このことが、コンゴ東部への足がかりとなる重要な地域（ブルンジやルワンダ）での、内戦やジェノサイドへとつながっていきます。

もともと、ルワンダ、ブルンジで影響力をもっていたのは、旧宗主国のベルギーとフランスでした。この4カ国はフランス語圏です。これに対抗するために、アメリカは、英語圏（英米）の影響下にあったウガンダに肩入れして、ウガ

コンゴ動乱：ベルギーから独立直後に発生（1960〜65年）。東西冷戦の最中、西側諸国と東側諸国が、コンゴ東部のカタンガ州の権益をめぐって起こった動乱。独立後もコンゴに居座るヨーロッパ人将校らを保護する名目でベルギーがコンゴへ軍事介入し、西側諸国はカタンガ州の長官チョンベを使って同州の分離独立を画策。コンゴを一つの国家としてまとめようとするルムンバらは、国連やソ連に支援を求めるが、最終的にルムンバは殺害され、西側諸国（米国）の支援を受けたモブツがクーデターを起こして動乱は収まった。

ユニオン・ミニエール：91ページ参照

フランス語圏：ルワンダは、1994年ジェノサイドのきっかけとなった航空機撃墜事件（136ページ参照）をめぐり、2006年にフランスと国交を断絶。公用語をフランス語から英語に変更し、イギリス連邦に加盟した。

ンダに住んでいたツチ勢力[*]を支援させ、ルワンダへの侵攻をそそのかします。

フツとツチの対立が長年つづいていたルワンダで、ツチ系の反政府勢力を支援すれば、まさに火に油を注ぐようなもので、両者の対立が激化するのは火を見るより明らかでした。しかし、英米とウガンダは、90年のツチ勢力によるルワンダ侵攻を支援します。混乱がピークに達した94年、「ルワンダ大虐殺[*]（ジェノサイド）」が現実に起きてしまいました。

一説によると、虐殺がはじまった当初、アメリカ側は50万人規模の大虐殺に発展するかもしれないという情報を得ていたといわれています[*]。

一方、フランス側は、フツ政権への派兵を３０００人から3万人規模に拡大するなど、軍事的な支援をしたため国際社会から非難を受けることになりました。結果、「フツ人（フランス支援）＝悪者」、「ツチ人（アメリカ支援）＝正義」というレッテルが貼られ、大虐殺の後、ルワンダではアメリカの支援を受けた反政府勢力（ツチ系）が政権を奪取したのです。

そして、英米と密接な関係になったウガンダ、ルワンダ、ブルンジの3国が、アメリカからの軍事的、資金的な援助を受け、96年からのコンゴ紛争に介入していくことになります。

この3国は、コンゴ東部から大量の鉱物資源を収奪していきますが、けっきょく、その後ろにいたのは、英米と多国籍企業で、じじつ、この3国がもち出した

ツチ勢力：ルワンダの「フツ」政権から国を追われ、ウガンダに居住していたツチ人主体の反政府勢力。ルワンダ愛国戦線（RPF）。30ページ参照

ルワンダ大虐殺：29ページ参照

＊大津司郎［２０１０年］３２５ページ

大量の資源は、自国で消費されることなく、ほとんどが欧米諸国へ運び出されていました。

このことは、国連のレポートでも非難され、70以上もの企業が国際的な基準に反して、コンゴの紛争鉱物の収奪に関わっていたと報告されています。なかには、アメリカのミネラル・フィールド社のように、戦時中から、戦費を提供しながら、その見返りとして、巨額の鉱山採掘の契約を得ていた企業もあります*。

こうして、現在もコンゴ東部の鉱物資源の利権の多くは、外国の資本（とりわけ、イギリス・アメリカ、カナダ）に牛耳られるようになっているわけです。それまでにアフリカ人同士が殺し合った紛争や虐殺というのは、英米をはじめとする外国の勢力（国や企業、資本家たち）の鉱物資源をめぐる、代理戦争だったといっても過言ではありません。

もちろん、ルワンダ、ブルンジ、コンゴでの混乱が、すべて英米の描いた、筋書き通りに起こったわけではなく、さまざまな歴史的な背景や国内の権力闘争などが絡み合い、紛争やジェノサイドが発生したわけですが、この一連の紛争の背景に、欧米の政府と多国籍企業の経済的利益による介入があったということは疑いの余地がありません。少なくとも、５４０万人もの命を奪った、血を血で洗うコンゴ紛争によって、もっとも「利益」を得たのは、欧米の国や企業、資本家でした。

＊大津司郎［２０１０年］３３４～３３６ページ

けっきょく、アフリカで紛争がつづいている最大の原因は、この地に白人がやってきてからの歴史的な要因に加えて、独立した後も、欧米人たちが、「ほしいもの」（経済的利益）を得るために、自分たちの都合でアフリカ人を利用していることに根本的な原因があります。

産業革命とともにはじまった「資源の奪い合い」のドラマは、いまも形を変えてつづいているのです。アフリカの紛争を止めるために、私たちが何をしていけばいいかは、第9章で考えたいと思いますが、もっとも重要な点は、アフリカの紛争は、国内の問題だけに目を向けていては、解決しないということです。

たしかに、外部勢力の権益争いの片棒を担いで、富や権力を独占しているアフリカ人たちもいますし、国内に無数の「火種」があることも事実です。

しかし、いまのアフリカの紛争は、外部から意図的に流し込まれる「油」によって燃え上がっているのです。

第8章

欧米中心の世界のなかで

強者の都合ですすめられた南スーダンの独立

コンゴ東部の鉱物資源を確保することに成功した英米は、南アフリカなどの親英米の国々とともに、コンゴの「安定化」をすすめていきました。

その一方で、スーダン南部の石油をめぐる英米の戦略は成功したとはいえませんでした。アメリカとスーダンの関係が悪化しているあいだに、中国がスーダンへの軍事的、経済的支援の見返りに、油田の権益を押さえてしまったからです。

スーダンで最初に油田を発見したアメリカが、これであきらめるはずはありません。1990年代、アメリカはスーダンを親米政権にしようと、必死に画策しますが、これが成功しないとなると、こんどは方針を変えて、スーダン南部の分離独立を求めるようになっていきます。

少々乱暴ないい方をすると、「押してだめなら、石油のある南部だけを引きちぎってしまえ」という戦略に切り替えたわけです。2001年以降、英米はスーダンの南・北の「和平」を積極的に支援し、05年には、南部が分離独立するという和平協定*が結ばれることになりました。

その翌月には、イギリスの石油会社*が、さっそく南部の油田の一部権益を獲得し、フランスの石油会社*も内戦前（80年）に確保していた鉱区での石油開発を再開しています。スーダン南部が独立することを見込んで、ヨーロッパの石油資本

和平協定：2005年1月に合意された包括的和平協定。南北内戦に終止符を打ち、スーダン南部の分離独立を6年後の住民投票により決定することなどに合意。調印式には、当事者のスーダン政府やスーダン人民解放軍（SPLA）のメンバーだけでなく、アメリカのパウエル国務長官（当時）らも出席した。

イギリスの石油会社：ホワイト・ナイル社

が権益争いに乗り出していったのです。

一方、当事者であるいまの南スーダン政府の指導者たちのあいだで必ずしも、分離独立することで意見が一致していたわけではありませんでした。むしろ、スーダン人民解放軍*の最高指導者のジョン・ガラン*は、南部を分離独立させるのではなく、一つの国としてスーダンを統一することを強く望んでいました。

しかし、「統一スーダン」という理想を願ったジョン・ガランは、この和平協定の半年後、不可解なヘリコプター事故で死亡します。彼が搭乗したヘリコプターは、親米ウガンダのムセベニ大統領の専用機であり、陰謀説が地元紙で報道されました。事故の真相は不明なままですが、この死は、南部の分離独立をすすめようとした人びと（英米など）にとっては好都合だったことでしょう。

11年、スーダン南部は独立することが決まり、オバマ大統領はいち早く、南スーダンを「独立主権国家」として承認すると発表しました。しかし、スーダンの南北間の国境線すら決まっておらず、その付近にある油田地帯（アビエイ地区*）の石油の利益配分も決まっていません。こんな状態で国家として承認*されるというのは、これまでの国際社会の常識ではありえないことなのです。

和平合意が結ばれたことは、たしかに平和への大きな一歩でしたが、英米から強力に後押しされた南部の分離独立は、いまもスーダンに平和をもたらしていません。南スーダン独立後も、南北国境付近やアビエイ地区では断続的な戦闘がつ

フランスの石油会社：トタル社

スーダン人民解放軍：SPLA。28ページ参照。

ジョン・ガラン：1945～2005年。1983年にスーダン人民解放軍を結成し、最高指導者となる。05年の和平合意後にスーダン第1副大統領に就任。スーダン南部の分離独立ではなく、「統一スーダン」を掲げていた。就任演説では、北部人、西部人、東部人、キリスト教徒、ムスリムとの連帯を唱えた。この演説は、正義と平等、民主主義、多文化主義を基調とする新生スーダンへの夢を人びとにあたえたといわれている。演説の3週間後に事故死。（栗本英世［2006年］111ページ）

アビエイ地区：スーダンの中央部に位置し南北内戦当時の激戦区。大地溝帯付近のムグラド盆地に位置し、一時期はスーダンの原油生産の4分の1を産出していた油田地帯。

国家の承認：国家としての必要条件は、領民と領域があり、実効的な政府、外交能力が存在すること。さらに、国際法上の原則＝ウティ・ポジデティスの原則（植民地期に宗主国によって決められた国境線を独立後も維持するという原則）があるアフリカでは、これらの必要条件を満たしている国（ソマリランドなど）でも、国家として

づき、すでに数千人が死亡したと伝えられ、避難を余儀なくされた住民は6万人以上にのぼるといわれています。

欧米の都合で作られる「平和」

スーダンの南北和平が進むとともに、スーダン北部政府から「神の抵抗軍」への支援も減少していき、2006年8月にはウガンダ北部の紛争も停戦合意が結ばれました。このウガンダの和平交渉を積極的に後押ししていたのも英米ですが、なぜ、00年代に入り、英米がスーダンとウガンダ両国の和平に力を入れたのかを考える際、もう一つ重要なことがあります。

それは、ウガンダ北部からコンゴ東部にまたがるアルバートリフト盆地*で石油開発がはじまったことです。ここにはスーダンに匹敵する埋蔵量（60億バレル）の石油があるといわれています。

アルバートリフト盆地には1920年代、イギリス植民地時代から石油があるといわれていましたが、その開発は90年代末になってやっと本格的にはじまり、00年代に入って、イギリスの石油会社（タロー石油*）が油田の権益を確保しました。

この油田地帯の北部は、「神の抵抗軍」の活動地域でもあったため、ウガンダ北部の治安を安定化させることは、そこで石油開発をすすめるイギリスにとって

承認されていないケースがある。（遠藤貢［2008年］、地域研究コンソーシアム『地域研究』編集委員会編［2009年］58〜59ページ）

アルバートリフト盆地：大地溝帯の西リフトバレーに位置し、ウガンダ北西部からコンゴ東部にまたがって南北に縦断する盆地。北はスーダン南部との国境、南はルワンダとの国境付近までつづいている。2000年代に入り、ウガンダ側9鉱区、コンゴ側5鉱区での油田開発がすすんでいる。

タロー石油：本社イギリス。ヨーロッパ最大の独立系石油会社の一つ。ウガンダで01年に1鉱区、04年に2鉱区、05年に1鉱区、コンゴで06年に2鉱区の油田開発の権益（PS契約）を確保。07年にウガンダ北西部3鉱区で石油を発見した。（石油天然ガス・金属鉱物資源機構より）

もメリットがあったわけです。スーダンからの武器と資金の供給源を失った「神の抵抗軍」は、06年の停戦合意以降、ほぼ完全にウガンダ北部から放逐され、ウガンダ北部の治安は回復しました。その翌年、イギリスのタロー石油はウガンダ北部でも石油を発見しました。

次ページの図を見てください。現在、着々とすすんでいるパイプラインの建設計画です。内陸部に位置するスーダン南部やアルバートリフト盆地から石油を輸出するためには、海岸まで石油を送るパイプラインが必要になってきます。これまでスーダン南部の石油は、スーダン北部のパイプラインを経由して輸出していましたが、スーダン南部が独立国家になれば、いうことを聞かないスーダン北部政府のパイプラインに依存せずにすみます。べつのパイプラインをケニア経由で建設すればいいからです。

さらに、アルバートリフト盆地から石油を輸出する最短のルートも親英米の国ケニア経由でした。内陸部にあるこの二つの地域の石油をケニア経由で運び出せば、非常に効率よく輸出することができたのです。ウガンダ北部の安定化とスーダン南部の独立が欧米の石油資本にとっては不可欠だったのです。

つまり、ウガンダとスーダン両国の紛争が、和平に向かったこと自体は、すばらしいことですが、重要なことは、これらの和平合意もまた、欧米諸国の都合で進展していったという事実です。裏を返せば、欧米の戦略がこの紛争の発生、長

アルバートリフト盆地の石油鉱区

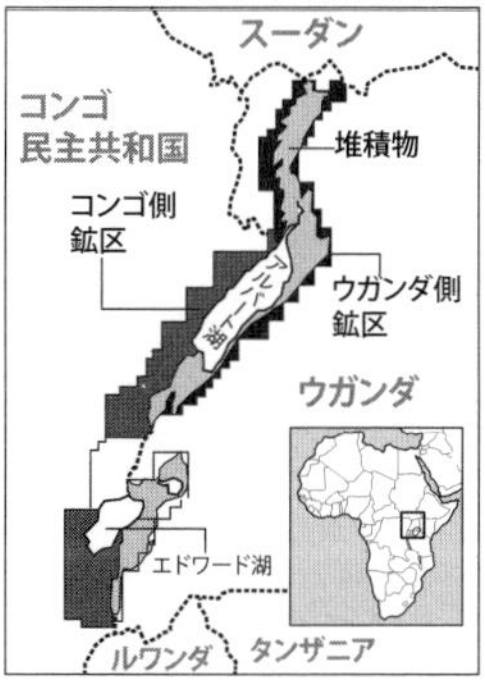

石油天然ガス・金属鉱物資源機構
（竹原美佳［2010年］をもとに作成）

石油を輸出するためのパイプライン

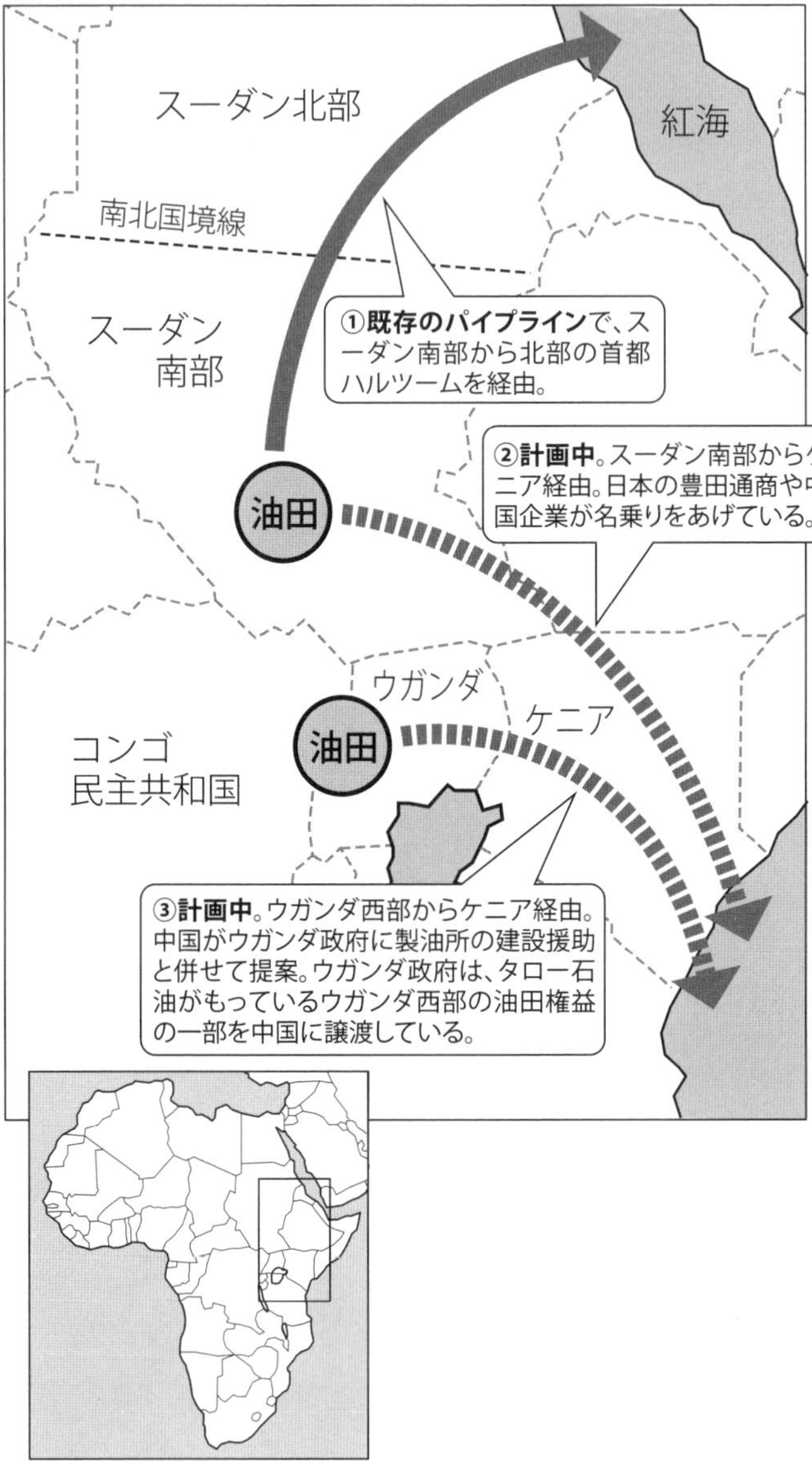
スーダン北部
紅海
南北国境線
スーダン
南部
①既存のパイプラインで、スーダン南部から北部の首都ハルツームを経由。
②計画中。スーダン南部からケニア経由。日本の豊田通商や中国企業が名乗りをあげている。
油田
ウガンダ
ケニア
コンゴ
民主共和国
油田
③計画中。ウガンダ西部からケニア経由。中国がウガンダ政府に製油所の建設援助と併せて提案。ウガンダ政府は、タロー石油がもっているウガンダ西部の油田権益の一部を中国に譲渡している。

期化にいかに大きな影響力をもっていたかということです。私たちは、誰が「なんのために」和平をすすめているのかをしっかりと見極めなければ、アフリカの紛争をほんとうに終わらせることはできません。

なぜなら、紛争の根本的な要因は取り除かれていないからです。かつて、欧米諸国同士が、ベルリン会議*で植民地の奪い合いに終止符を打って、アフリカ植民地を平定していったように、いまもなお、平和を築く主導権を欧米諸国が握っている（少なくとも大きな影響力をもっている）状況では、アフリカに真の平和をもたらすことはできないでしょう。

強者の都合で作られる「ダブルスタンダード」な正義

歴史を振り返れば、つねに強者（覇権国）が「正義」を作っています。日本には「けんか両成敗」という言葉がありますが、いまの世界ではまったく通用しません。原爆を落とそうが、無差別な空爆で民間人を殺そうが、とにかく戦争に勝った者（強者）が正しいのです。残念ながら、これが世界の現実*です。

そして、この「力の論理」が、いまのアフリカの紛争〝処理〟にも脈々と受け継がれています。強者側（英米）についている者たちは、裁かれず、強者の都合で正義は決められています。このような正義は、「悪者」だと見なされた側に、屈辱的な思いをあたえ、当事者間の火種を大きくするだけでなく、本当の紛争の

ベルリン会議：82ページ参照

世界の現実：政治的、経済的、軍事的に「力」をもつ強国が、自国の利益を優先して、他国を「力」によって思い通りにしようとする国際政治の力学が働いている（パワーポリティクス）。

要因を覆い隠してしまうことになります。

たとえば、「ルワンダ大虐殺」の実行犯として、フツ政権とそれを支援したフランスが非難されがちですが、じっさいにはアメリカの支援を受けてルワンダに侵攻したルワンダ愛国戦線[*]も虐殺をおこなっています。ルワンダ国際戦犯法廷の分析では、「虐殺におけるフツ人の犠牲者はツチの2倍であった」ともいわれています。また、ルワンダ愛国戦線がルワンダの政権を握った後も、コンゴ東部で虐殺行為に関わっていたことが国連の報告書[*]で明らかにされています。

さらに、大虐殺の直接のきっかけとなった、ルワンダとブルンジの両大統領（フツ人）の航空機撃墜[*]も、事件が起こった当時はフツ政権側が仕掛けたものだといわれていましたが、最近では、ルワンダ愛国戦線の仕業であったことが明らかになりつつあります。フランス政府はこの襲撃を指示したのは、当時ルワンダ愛国戦線の指導者だったポール・カガメ（現・ルワンダ大統領）であったと正式に表明しています。

アメリカの支援を受けたルワンダ愛国戦線の側は、まったく裁かれることもなければ、国際戦犯法廷で、虐殺行為の証拠がとり上げられることもありません。むしろ「自分たちは大虐殺の犠牲者だ」という被害者意識をアピールすることで、自分たちの責任を問う人びとに対して「大虐殺を支持している」とレッテルを貼り、異議を唱える人びとを脅迫したり、投獄したりするなど人権侵害を繰り

ルワンダ愛国戦線：ツチ系の反政府勢力。30ページ参照。

＊United Nations Human Rights Office of the High Commissioner［2010年］

航空機撃墜：94年4月、ルワンダ大統領ジュベナール・ハビャリマナ、ブルンジ大統領シプリアン・ンタリャミラが搭乗する飛行機が、ミサイル攻撃を受けて撃墜され、死亡した事件。これが「ルワンダ大虐殺」の引き金となった。06年、フランス司法当局は、襲撃を指示したのは、ルワンダ愛国戦線の指導者だったカガメだったと認定し、側近9人を国際手配した。

返しているのです。いまのルワンダ政府の行動に対して、英米は批判するどころか、アフリカの優等生だと絶賛しているのです。

一方で、人権侵害を起こしたほかのアフリカ諸国（リビアなど）に対しては、英米は武力攻撃までおこなっています。このような、あまりにも不公平で「ダブルスタンダードな正義」を、まともに国際社会が受け入れ、「紛争後の平和を築きましょう！」などと呼びかけても、当事者である紛争犠牲者たちが心から納得することはできないでしょう。

ウガンダとスーダンの紛争処理においても同様のことが起きています。

英米の支援を受けていたウガンダ政府やスーダンの反政府軍が犯した虐殺や戦争犯罪、人権侵害に対しては、ほとんど責められることもなく、中国の支援を受けたスーダン政府や、それを資金源にしていた「神の抵抗軍」のリーダーだけが「裁き」の対象になっています。現在、国際刑事裁判所が逮捕状を出しているのも、スーダン北部政府のアル・バシール大統領と、「神の抵抗軍」指導者のジョセフ・コニー*とその側近に対してだけです。

紛争中に起こった虐殺や人権侵害などの事実を明らかにし、紛争当事者の和解を促進していくことは重要なことですが、現実的に、加害者と被害者を明確にして、「正義」の裁きを下すなどということは、そんな単純なことではありません。ましてや、どう考えても英米の政治的な力が働いているとしか思えないような現

ジョセフ・コニー：1962年〜。ウガンダの反政府勢力「神の抵抗軍」（24ページ参照）のリーダー。

状の「正義」では、真の和解をすすめることなどできないでしょう。

アフリカでの6年間、私が出会った多くの元子ども兵たちは、自分を誘拐した「神の抵抗軍」の人権侵害だけでなく、政府軍側の残虐行為も批判していました。司令官として15年以上戦ってきたある元少年兵は、自身の体験を振り返り、つぎのように話しました。

「人権侵害を犯した（ジョセフ・）コニーや政府軍にも責任はあるが、どうしてコニーに武器や弾薬、資金を流した外国人や、政府軍を軍事支援していたアメリカ人たちは裁かれないのか」

ほかの元子ども兵たちに聞いても、かれらは当たり前であるかのように、異口同音に「ムズング（白人）は、アフリカの紛争が、『アフリカ人だけの責任』で起こっているとしてしまいたいからだよ！」とぶっきらぼうにこたえました。

教育を受けていない、かれらの直感的な意見のほうがよっぽど、公正で本質的な「正義」を語っているようにさえ思いました。

おまけに、いまのアフリカの紛争では、〝国内の火種〟だけが紛争要因として強調されて、欧米諸国はあくまでも部外者であるかのように振る舞っています。まるで、アフリカ人の〝教師〟であるかのように、「あなた方、野蛮な紛争を引き起こしたアフリカ人は、それを自ら解決する能力もなくて、かわいそうだから、平和を築く方法を教えてあげましょう」といわんばかりに、「正義」のモノサシを振りかざしているのです。

病的なヨーロッパ中心主義

奴隷貿易の時代から、ヨーロッパ人たちは、「アフリカ人のために」といいながら、自分たちの利益を求め、自らが犯した残虐行為を正当化してきました。「他人が悪いことをすれば責めるが、自分が悪いことをしても謝らない」という、あまりにも自己中心的な振る舞いの根底には、自分たちは「別格」であるというヨーロッパ中心主義*の傲慢《ごうまん》な思い込みがあります。

かれらは、コロンブス一行がアメリカ先住民を虐殺してからいまに至るまで一貫して「自分たちは普遍的に『正しいこと』をしているのだ」という詭弁《きべん》（レトリック*）を使ってきたのです。つまり、「自分たちが正しいと信じること＝普遍的に正しいこと」として、そのためであれば、自分たちのどんな行為も正当化できるという極端な考え方です。

たとえば、かつては「文明化」という、かれらが「正しいと信じるもの」のために、奴隷貿易や植民地主義を正当化しました。いまは、「人権」や「民主主義」、「テロの撲滅」という正しいことのためであれば、他国を侵略することも武力攻撃も正当化してしまいます。その結果、まったく無実の民間人がたくさん殺されても、それが正義だと本気で信じているのです。しかし、これまで見てきた

ヨーロッパ中心主義：西洋文明がもっとも優れた、もっとも普遍的な価値と真理に立脚した文明であり、ほかの諸文明とは「別格」のものであるとみなす思想。

レトリック：他者を説得するための雄弁術、または道理に合わないことを強引に正当化しようとする弁論（詭弁）。

＊イマニュエル・ウォーラーステイン［2008年］

ように、かれらが信じる「正しいこと（正義）」を守らないとして罰せられるのは、ほとんどの場合、かれら以外の人びとです。かれら自身が、それを守れず、「人道に対する罪」を犯しても公平に罰せられることはありません。

イギリスはじめヨーロッパ諸国が、奴隷貿易（人道に対する罪）に対して謝罪しない根拠は、「当時、そんなルール（法）がなかった」からという理由です。「人道に対する罪」が国際的に規定されたのは、１９４５年のニュルンベルク憲章*においてなので、事後になって、過去の罪を裁くことは「不訴求の原則*」に反するという論理を振りかざすのです。

もっともらしい反論に聞こえますが、じっさいには、ナチスドイツの犯した「人道に対する罪」（ユダヤ人の大量虐殺）は、〝事後に〟作った法によって裁かれていますし、イギリスがアフリカで犯した数々の虐殺行為は１９４５年以降の出来事です。そもそも、植民地支配自体が非人道的な行為なのです。

つねに自分たちを「別格」の存在として、他者に自分たちのルールを押し付けてきた欧米諸国のやり方は、私たち日本人から見れば理解できないかもしれません。しかし、宿痾《しゅくあ》*ともいえる、ヨーロッパ中心主義の世界のなかで、私たちは〝現実的に〟平和を築く方法を考えなければいけません。

ニュルンベルク憲章：１９４５年8月、第2次世界大戦の戦勝国であるアメリカ、イギリス、フランス、ソ連の4カ国によって調印された憲章（国際軍事裁判所憲章）。「人道に対する罪」が規定され、敗戦国を裁く基本法となった。ナチスドイツや大日本帝国が戦時中に犯した罪は、この事後法によって裁かれた。

不訴求の原則：実行時に適法であった行為を、事後に定めた法令によってさかのぼって違法とし、裁くことはできないという原則。

宿痾：長い間、なかなか治らない病気。体質的な病気。

第9章

アフリカの平和のために私たちにできること

倫理的な優位性をもっている日本

これまでみてきたように、アフリカで紛争がつづいている背景には、大国や先進国の政治的、経済的な利害が大きく関係しています。その点では、G8*の一国であり、経済大国である日本も無関係ではありません。日本に住む私たちも、間接的にアフリカの紛争に関わってきた当事者だといえるかもしれません。

しかし、もし、私たちが紛争の要因に関わっているならば、私たちには、アフリカの紛争を解決する「力」があるということです。日本で暮らし、アフリカから産出される資源やエネルギーを大量に消費している私たち市民が、この国の政治家を選び、この国に税金を納めているのです。

また、多国籍企業の生産するモノやサービスを購入しているのも私たち消費者ですし、その企業活動のもととなる金融資本にも、私たちの貯金したお金が使われています。市民として、消費者として、投資家（預金者）として、私たちは、グローバル社会に大きな影響力をもっています。

そして、過去に一度もアフリカを侵略した歴史をもたない日本は、アフリカ諸国から信頼されている数少ない先進国です。アフリカの平和を構築するために、欧米諸国にはない倫理的な優位性をもっています。私たち日本人にできることはたくさんあります。

G8：世界の主要8カ国（日本、イギリス、ドイツ、フランス、イタリア、アメリカ、カナダ、ロシア）。毎年、G8サミットをもち回りで開催し、地球規模の課題や経済問題、国際的な政治的課題について話し合う。会議での決定事項や宣言文は、実質的に国際社会に大きな影響力をもつ。

「足るを知る」ということ

日本は戦後の高度経済成長を経て、世界有数の資源消費国になりました。なによりもまず、私たちが考えなければならないことは、先進国による大量消費のライフスタイルを見直すということです。

①食料の公平な分配

アフリカでは、いまだに電気もガスも水道も、十分な医療や食料もないなかで、多くの子どもたちが飢餓や栄養失調で死亡しています。世界では、12億人が絶対的貧困*の状態にあり、８億２０００万人が飢餓で苦しみ、毎日３万人近い子どもたちが飢餓や栄養不足で死んでいます*。

よく、「人口が増えているのだから、一人当たりにいきわたる食料や資源が不足しているのは仕方がない。人口増加が飢餓の原因だ」などという人がいますが、これはまったく事実ではありません。じつは、世界人口を養うだけの十分な食料*が世界にはあるのです。

問題は途上国の人口増加ではなくて、先進国の食料消費がとてつもなく拡大していることなのです。じっさいに、飢餓が起こっている国が、自給用の食料を作らずに、先進国が消費する食料（肉食用の家畜飼料など）を輸出していることも珍しくありません。いま、日本で、食べ残しや賞味期限切れで捨てられている食

絶対的貧困：必要最低限の衣食住などを満たせない状態。これに対し、相対的に貧しい状態を「相対的貧困」という。

＊上村雄彦［２００９年］15ページ

世界の食料供給量と人口：08年の世界の食料生産量は22億トン。これを世界人口70億人で割ると1人当たり、３１４キロの食料がある。この量は、人間が生存に必要な量（約２００キロ）の１・５倍以上。つまり、世界の人びとが、食料を公平に分配することができれば、飢餓が起こることはありえない。

料は年間約２０００万トンにも上ります。もし、この廃棄される食料だけでも分けあたえることができれば、1億人が1年間、生きていく食料になります。

②資源・エネルギーの公平な分配

現在、世界のたった2割の裕福な人びとが、世界の資源・エネルギーの約８割を消費しています。また、１９６０年には、世界のもっとも裕福な20％ともっとも貧しい20％の人びとの経済格差は30：１でしたが、90年には60：１となり、02年には１１４：１にまで拡大しています*。日本人が消費していたエネルギー量*は、コンゴ人が消費している量のなんと２０６年分にもなります。

つまり、世界全体で見ると、私たちは、かつてのヨーロッパの貴族やアフリカの独裁者が、圧倒的多数の貧しい人びとを搾取して、豪遊していたのと変わらない立場にいるのです。それでも、先進国は、「もっともっと」と、大量に消費する社会を作ろうとしています。そのことが、自分たちが幸せになる方法だと思い込もうとしているようにも見えます。モノを作り、便利な社会を作るのが悪いということではなく、「もう、十分でしょう」ということです。

「足るを知る」*という老子の言葉がありますが、そろそろ私たちは、この行き過ぎた大量消費、大量廃棄のライフスタイルを考え直す必要があります。いまも、〝十分な〟資源（食料）を分け合うことすらできない人類が、今後、不十分になっていく資源を奪い合えば、悲劇となるのは火を見るより明らかです。

＊ＵＮＤＰ［２００２年］

エネルギー消費量（石油換算）：02年の日本人1人当たりの年間エネルギー消費量は３７２５キロ。この量はコンゴ人の年間消費量（18キロ）の２０６倍、ウガンダ人（25キロ）の１４９倍、ブルンジ人（15キロ）の２４８倍、ルワンダ人（24キロ）の１５５倍、スーダン人（79キロ）の47倍。一方、アメリカ人の消費量は７７１７キロ（日本の2倍以上）。（二宮健二編［２００６年］26～31ページ）

足るを知る（知足）：「知足者富」（足るを知る者は富む）。「欲を出さないで自分の境遇に満足できる者は、たとえ貧しくても、精神的に富んでいる」という意味。

資源の「地産池消」をすすめること

大きな問題に対して、私たちの力は「微力」かもしれませんが「無力」ではありません。どんな企業も、消費者が買わない商品を生産しつづけることはできないからです。私たちの身の周りに溢れている商品は、すべて、地球の資源とエネルギーを使って生産されたものです。グローバル化した現在、アフリカの紛争国から、こうした資源が日本に入ってくることもまれではありません。

たとえば、スーダンで内戦や虐殺がつづいていた2000年代、日本はスーダンから大量に石油を輸入していました*。そして、国家予算の6割以上を石油収入に頼っていたスーダンは、その多くを軍事費に拠出していました。

つまり、日本がスーダンに支払っていたお金が、スーダンの内戦や西部ダルフール地方での虐殺、また、ウガンダ北部の「神の抵抗軍」の資金源として使われていた可能性があるということです。そういう意味では、ウガンダやスーダンの紛争や子ども兵たちの問題は、私たち日本人と無関係ではありません。

また、スーダンを軍事的、経済的に支援し、現在、最大の石油輸入国は中国ですが、中国が大量に生産している石油商品を、100円ショップや格安店で買っているのは、日本の消費者です。良し悪しを抜きにして、このグローバル化した世界では、「消費行動」を通して、あらゆるものがつながっているのです。

日本のスーダンからの石油輸入：日本は2000年代に入りスーダンから石油を輸入し、2006年には中国を抜き世界で最もスーダンの石油を輸入していた。現在は、中国に続き世界第2位の輸入をしている。スーダンが生産する石油の大半を輸入しているのは中国と日本（グラフ参照）

スーダンの原油生産量ならびに中国・日本の輸入量推移

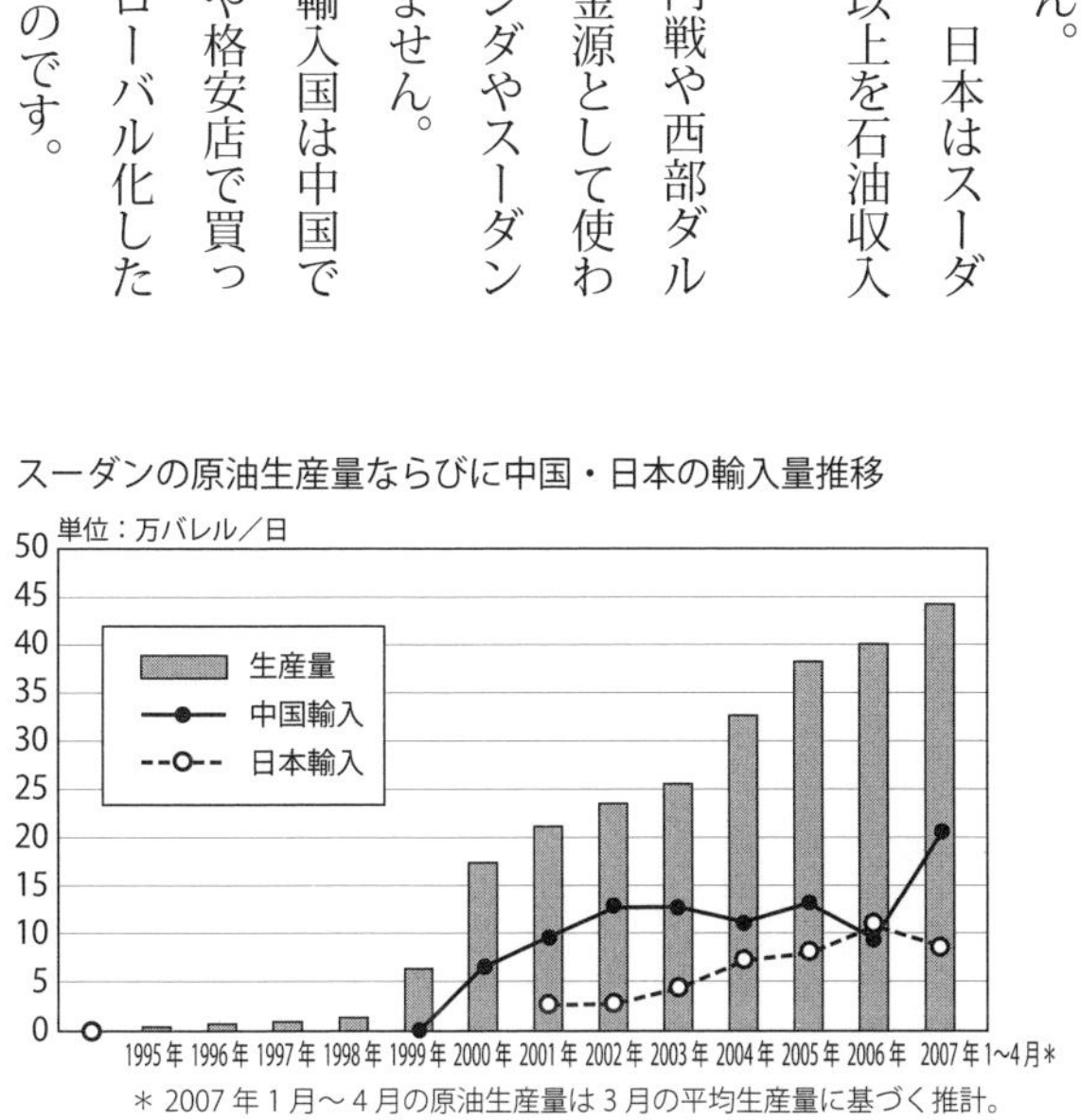

＊ 2007年1月～4月の原油生産量は3月の平均生産量に基づく推計。
出典：石油天然ガス・金属鉱物資源機構（竹原美佳［2007年］）

アフリカの紛争をなくすために、まず、私たちができることは、国内の資源やエネルギーを地域（自国）で循環させるしくみを作っていくことです。地域のなかで「お金や資源」が回るようにしていくということです。

とくにエネルギーの地産地消（自給率をあげること）は重要です。化石燃料を輸入しようとすればするほど、各国の権益争いが激しくなります。それはアフリカでの紛争リスクを高めるだけでなく、日本が安定したエネルギー源を確保するうえでも、大きなリスクになります。私たちは、リスクの高いエネルギー源を減らし、「安全なエネルギー源」を増やしていかなければなりません。日本国内で利用できる、風力や太陽光、地熱、小規模水力発電など、多様なエネルギーによって自給率を高めていく必要があるということです。

そのためには、各地域で、小規模なエネルギーを生産、販売できる電力供給のしくみを作っていくことです。戦前、日本には６００社を超える電力会社が全国にあったのです。[*]

現在、ほとんどのエネルギー源を火力と原発に依存している日本が、再生可能エネルギーに移行していくには、地道な努力と時間が必要なことですが、だからこそ、東京電力福島第一原発事故（11年）を経験した私たち日本人が、いま、行動を起こさなくてはいけないと思います。市民として、地元の国会議員や地元紙に手紙やメールを送ったりすることもできますし、そのような政策を支持する国

戦前の電力供給：戦前、自治体の水道局のとなりには、「電気局」があり、全国で６００社を超える電力会社が、地域に電力を供給していた。これが戦後、９つの電力会社に統合され、いまのように電力事業が一部の企業によって独占されるしくみが作られた。（田中優［２０１１年］１４４ページ）

大規模集中型の電力事業は、エネルギー効率が悪いだけではなく、災害時のリスクを高める。地域分散型の再生エネルギーにシフトしていくことが大切である。

会議員に投票することもできます。

　一方、アフリカでは、植民地時代から「資源や原料」を輸出することで、国の経済を支えるという経済構造がほとんど変わっていません。そのため、アフリカから資源を買わないだけで済む問題ではありません。それに対して、私たちができることは後で紹介します。いま、知っておいてほしいのは、「私たちがアフリカから資源を買いつづけても、アフリカの人びとの暮らしは〝良くなっていない〟」という現実です。00年代に入ってアフリカ経済の急成長を支えた産油国では、ＧＤＰ（経済指標）が成長しているにもかかわらず、人びとの基礎的な暮らしの度合いを測る指標（人間開発指標）は、ほとんど変わっていないか、むしろ低くなっているのです。

資源の再利用をすすめること

　資源やエネルギーを自給していくことは大切ですが、日本国内で生産できない資源はたくさんあります。たとえば、コンゴでの権益争いの的になっていた、金やダイヤモンド、レアメタル*（希少金属）などの鉱物資源は、輸入に頼るしかありません。

　必要な資源を海外からの輸入に頼らざるを得ない以上、私たちは、その資源がどこから来て、産出国の人びとにどのような影響をあたえているのかを考えなけ

アフリカの産油国における人間開発指標（HDI）ランキングと国内総生産（GDP）の平均推移（1999～2007年）

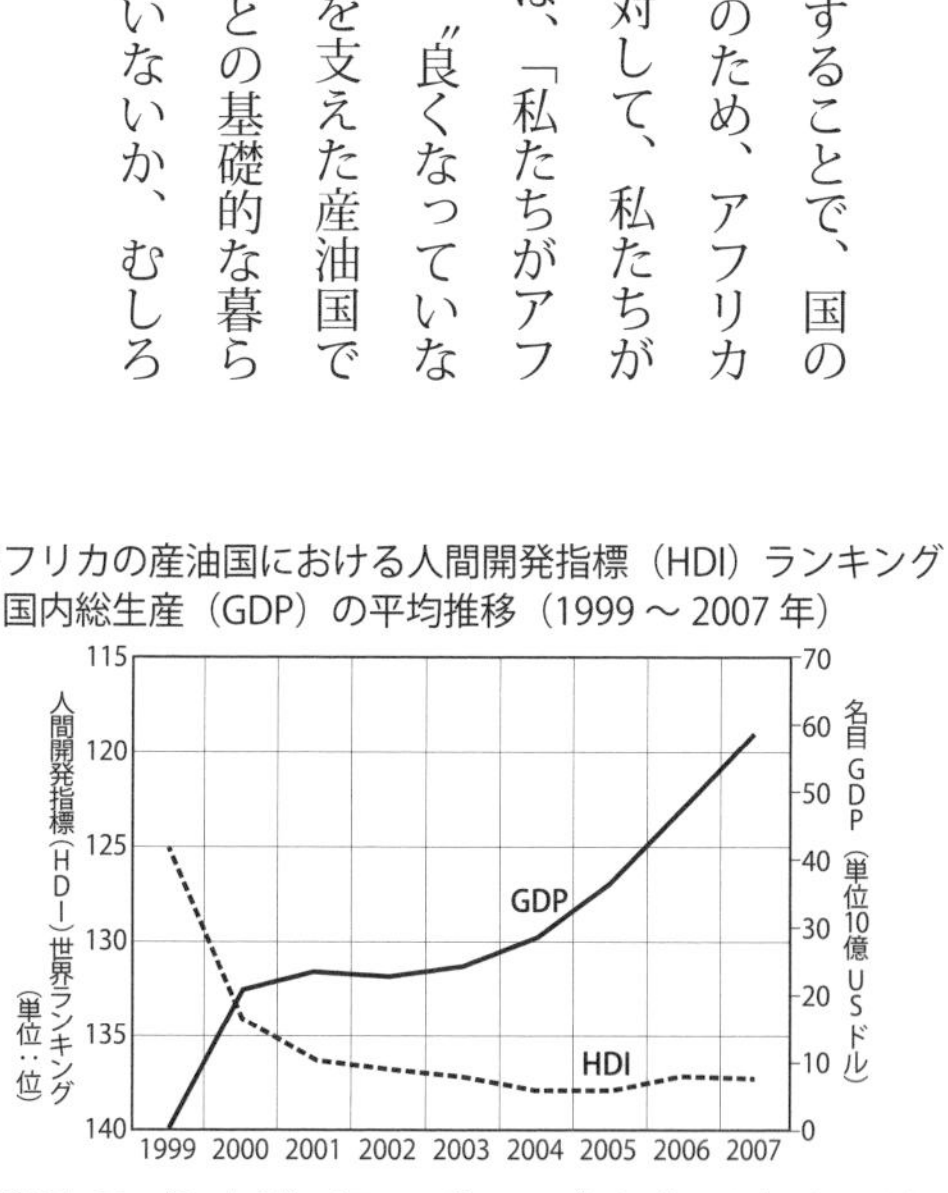

※産油国：アンゴラ、ナイジェリア、スーダン、コンゴ、チャド、アルジェリア、リビア
UNDP "Human Development Reports" 2000-2007/8(http://hdr.undp.org/en/reports/) より作成

レアメタル（希少金属）：世界的に「希少」な鉱物で、産出される国や地域も偏っている上に先進国の需要は高まっている。例えば、①「プラチナ」は、自動車生産業にとって欠かせないレアメタルで、世界の産出量の75％（２０１０年）が南アフリカ共和国に集中している。②「スズやタンタル」は、携帯電話やノートパソコンなどの電子部品に不可欠なレアメタルで、コンゴ東部などに集中している。③また、「コバルト」は軍事産業にとって重要

ればいけません。そして、こうした紛争を助長するような鉱物資源を輸入しないように、私たち市民が声を上げることで、企業の行動に変化をあたえることも可能です。

じっさい、コンゴ産のタンタルを購入して携帯電話の部品を作っていた、フィンランドの「ノキア社」は、市民やＮＧＯなどからの指摘を受けて、コンゴ産タンタルの購入を止めました。ベルギーの鉱物資源商社「トラキシー社」もタンタルとスズをコンゴ東部から買うことを中止しました。

また、イギリスの「ＡＭＣ社」は、コンゴ東部の南北キブ州からもっとも大量のスズを購入していた非鉄精錬企業ですが、２００９年にコンゴ産スズを買わないと発表しました。その理由として、「コンゴのスズは武装勢力の資金源になっており、さらなる紛争を引き起こす可能性がある」と説明しましたが、この発表は、市民団体やメディアからの国際的な批判にさらされてのことでした。*

日本でも、ある一人の主婦が、日本の携帯端末メーカーに質問書を送り、コンゴ産のタンタルを使用していないかどうかの回答を得ることができました。* 私たち市民が意思表示することで、企業に情報を開示させたり、紛争鉱物の取引を停止させることさえ不可能ではないのです。

しかし、残念ながら、資源がどこで生産され、どこを経由して、最終的に製造業者（企業）または、消費者のもとに届くかを調べることは、それほど簡単なこ

なレアメタルで、世界の埋蔵量の約47％（U.S.Geological Survey［２０１１年］）がコンゴに集中している。軍事大国アメリカでは、30年も前（１９８２年）のアメリカ上院の商務・科学・運輸委員会への答申書に次のように記されている。「アメリカにはコバルト資源がなく、全量を輸入に依存している。コバルト合金は、多くの産業、とくに宇宙開発と防衛産業用に重要なものであるために、わが国の弱点として〝戦略鉱物〟の筆頭に挙げられる。（中略）国家戦略として、３年間は戦争を継続できるだけの量を備蓄目標とすべきである。」（谷口正次［２００５年］１０５ページ）

*谷口正次［２００９年］

*鬼丸昌也［２００９年］

とではありません。じっさいには、産出から販売までの過程で、さまざまな原産地の資源が混ざって、どれが紛争鉱物なのかそうでないのかの区別がつかない状態にしてしまうこと（メタルロンダリング*）もあり得ますし、その過程を客観的に監視する国際的な制度*もありません。

そうである以上、なおのこと、すでに日本に流入したこれらの鉱物資源をできるだけ、大切に扱っていく必要があります。希少な鉱物資源で、私たちにとって不可欠な資源であればあるほど、それを何度も利用していく知恵と技術、そして、「モッタイナイ*」の心がけが大切です。

いま、日本には「都市鉱山*」と呼ばれるほど、大量の金やレアメタルなど貴重な鉱物資源が、携帯電話やパソコン、家電、電子機器などの工業製品（または、廃棄された製品）のなかに眠っています。もし日本の都市鉱山に眠る金（６８００トン）がすべてリサイクルされれば、世界の現有埋蔵量（４万２０００トン）の約16%の金を取り出すことができます*。

つまり、海外から輸入した資源を、できるだけ何度も利用することで、不必要に資源の争奪戦に首を突っこんだり、リスクの高い不安定な輸入に頼ることを、少なからず抑えることは可能だということです。日本にはそのための技術力*も十分あります。また、その技術を中国はじめ海外へ移転していくことで、世界的に大きな影響をあたえることも可能です。

メタルロンダリング：非合法な取引で得られた鉱物資源（メタル）を、正規の鉱物資源として流通させること。

監視制度：紛争鉱物を監視する制度として「紛争ダイヤモンド」の取引を規制するための国際的な認証制度（キンバリープロセス）がある。２００２年に開始され、原産地や輸出入者などを明記した証明書を発行するなどが義務付けられている。しかし、「最終的に販売される時点までの過程に関する監視が業界の任意による参加、自主規制に基づいた監視と実施を基本とする制度になっている（米国会計検査院）」。（ニキ・ヴァン・デ・ガーグ［２００８年］74〜76ページ）

「モッタイナイ」：アフリカ人女性として初のノーベル平和賞を受賞した、故ワンガリー・マータイさんが地球環境を守る世界共通語として世界に広めていった日本の言葉。日本語の「もったいない」という言葉には、「資源の消費を減らすこと(Reduce)、再利用すること(Reuse)、リサイクル(Recycle)すること」という環境活動の３Ｒを一言で表せるだけでなく、かけがえのない地球資源に対するRespect（尊敬の念）がこめられていることに感銘を受け、この「モッタイナイ」を世界に提唱した。（MOTTAINAIキャンペーン参照　http://mottainai.info/）

こうしたとりくみを広げていくために、身の回りにあるモノのリサイクルをすすめ、消費者としてリサイクル事業を支えること、市民として、こうした政策を推進する政治家を支えていくことが必要です。

社会は「お金」の力で動いている

たしかに企業にとって、製品を買ってくれる消費者は、重要な存在ですが、もう一つ欠かせない存在がいます。企業に「資金」を提供する銀行や資本家の存在です。企業にとって、融資をしてくれる銀行や、自社の株を買ってくれる株主や投資家たちには、逆らうことができません＊。

消費者が企業の「お客様」だとするならば、株主は企業の「主人」だともいえるでしょう。多国籍企業の経営者も、大株主に逆らうことはできません。ある企業の経営陣がアフリカでの「紛争鉱物」の取引を止めたいと考えても、大株主や大口投資家が、それによって利潤が下がると考えれば、その企業への投資を止めてしまいます。

また、武器や弾薬を生産している軍需産業をいくら批判しても、紛争が拡大する、内戦がはじまりそうだと、投資家たちが判断すれば、軍需産業＊には、資金がどんどん集まり、さらに強大になっていくのです。

つまり、企業の行動は、「消費者」だけでなく、「銀行や投資家」の意思に大き

都市鉱山：1トンの携帯電話には150グラムの金が含まれている。南アフリカの優秀な金鉱山でも、1トンの金鉱石に含まれる金は5~8グラム（相原正道［2007年］）。日本の「都市鉱山」に眠る金（6800トン）がすべてリサイクルされれば、世界の現有埋蔵量（4万2000トン）の約16％に当たる。同様に、タンタルは10％、スズは11％に当たる。（独立行政法人物質・材料研究機構［2008年］）

＊独立行政法人物質・材料研究機構［2008年］

日本の技術力：日本では、すでにいくつもの企業がレアメタルのリサイクル事業に取りくんでいる。京都では、「株式会社安田産業」が（特活）テラ・ルネッサンスと協力して、これまで700台以上の携帯電話を回収し、金やレアメタルのリサイクル事業をおこなっている。

株主の権力：世界には3億人の株主、すなわち世界の人口の5％（うち半数がアメリカ人）が世界の株式資産のほとんどを所有し、そのうち1000万~1200万人の個人が、世界の株式資産の半分を所有している。さらに、世界の金持ち上位1％が世界の株式資産の50％を握っている。（ジャン・ペイルルヴァッド［2007年］40~42ページ）

く依存しているのです。このお金の流れを変えていかなければ、アフリカの紛争鉱物に群がる多国籍企業の行動も、武器生産によって利益を得る企業の行動も、本質的には変えることはできません。

日本の「お金（金融資本）」の流れを変える

多くの日本人は「資本家」と呼べるようなお金もちではありませんが、日本人全体としてもっているお金（金融資産）は莫大な額に上ります。日本の金融資産は、約１５００兆円といわれていますが、この額は、アフリカ諸国のＧＤＰを合わせた額（約１００兆円）の15倍です。

多くのばあい、私たちは、この莫大なお金の使い方（運用方法）を銀行や機関投資家（金融業者）に委ねています。私たちが銀行に預けたお金は、銀行が企業に融資したり、国や自治体が発行する債券を買ったりして運用していますが、このお金は日本国内だけに留まっているわけではありません。外国の機関や企業に投資（融資）したり、外国政府の国債を購入したりして、グローバルに運用されています。また、私たちの税金も、日本政府が運用して、70兆円もの多額のアメリカ国債を購入しています。

私たちのお金が多国籍企業の資金になったり、武器や弾薬を生産する欧米の軍需産業に流れていくこともあるのです。「戦争は反対だ」といくら口では訴えて

軍需産業：軍需産業の顧客は、通常、国家（政府）なので、一般消費者が直接できることは限られている。

ブルンジ内戦で孤児になった子どもたちと筆者（左から3人目）。親族を失った子どもたちを家族として世話をしていた青年も、この内戦の犠牲となった

いても、一方で、その戦費*を出している限り、私たち日本人は、戦争に賛成しているのとおなじことなのです*。

日本人全体としてみると、私たちは世界の金融業界に対して大きな影響力をもっています。戦争や紛争を引き起こすことにつながるような、お金の流れを変えるためには、まず、私たち自身が、自分のお金（預金や税金）が、金融市場でどのように運用されているかに関心をもつことが重要です。

そのことで、アフリカの紛争に関わっている企業の行動に影響をあたえていくことも可能になります。たとえば、ウガンダやコンゴ、スーダンでも使用され、多くの人の命を奪ったクラスター爆弾*を製造していた企業は、日本の銀行（5つの機関）を含む世界の金融機関から3・2兆円もの融資（投資）を受けていました。

これに対し、世界中の市民やNGOが声を上げ、日本でも地雷廃絶日本キャンペーン（JCBL）が活発に活動した結果、日本の銀行（3大メガバンク）を含む多くの金融機関は、クラスター爆弾を製造する企業への投資（融資）を禁止しました。その後、2010年にクラスター爆弾禁止条約*が発効され、この兵器ビジネスは、世界的に撤退せざるを得ない状況になりました。

また、コンゴ東部の鉱物資源が紛争を引き起こす要因になっているという批判が国際的に広がった結果、アメリカのオバマ大統領が署名して成立した金融規

戦費：イラク戦争の戦費を賄うために、アメリカ政府は大量の米国債を発行したが、米国債の多くを購入していたのは日本の政府や銀行だった。私たちが銀行に預けた預金や国に納めた税金が、米国債を通してアメリカの軍需産業を潤していた。

＊田中優［2003年］79〜80ページ

クラスター爆弾：数個から数百個の子爆弾が入った容器が炸裂し、子爆弾が広範囲に飛び散り、周囲の者を無差別に殺傷する兵器。不発率が30％と非常に高く、紛争後も、子どもたちがおもちゃと間違えて、不発弾に触れて死亡したり、手や腕を失うなどの被害が多発している。第2次世界大戦以降、世界の紛争地域で使用され、死傷者の98％が民間人であり、約3分の1は子どもだった。（Cluster Munition Coalition（CMC）ホームページ）

クラスター爆弾禁止条約：クラスター爆弾の生産、貯蔵、使用、移譲を禁止する条約（通称、オスロ条約）。08年5月に採択、9月にウガンダ・カンパラで開催されたクラスター爆弾の禁止を目指す国際会議にはアフリカ43カ国の政府代表に加え、70団体以上のNGOのメンバーらが参加。同会議では、甚大な被害を受けている「アフリカ大陸からクラスター爆弾廃絶の強いコミットメントを示すこと」などを盛り込ん

制改革法＊は、コンゴ東部で活動する企業に厳しい報告義務を課しました。これによって、コンゴ東部と周辺国（ウガンダやルワンダなど）で、紛争鉱物に関わりのある企業に対する、金融資本の流れに一定の歯止めをかけました。

私たち市民が、国内・国外でのお金の流れに関心をもつことで、アフリカの紛争につながるような武器ビジネスや資源ビジネスにそれなりの変化を及ぼすことができます。「平和」という観点から、自分の貯金をどこに預けるか、また資産をどのように運用するかを考えて、じっさいに行動に移すことが大切です。

たとえば、日本の銀行が私たちの預金をどのように運用しているかを調べてみて、外国債券に多くの割合を投資している銀行ではなく、地元企業への投資や融資に熱心な銀行を選ぶこともできます。地域で集めた資金を地域に還元している、地元の信用金庫や信用組合にお金を預けることもその一つです。

また、再生可能エネルギーを推進している自治体の「地方債」を購入することもできますし、レアメタルのリサイクル事業やＮＧＯ活動を支援している企業の株を買うこともできます。日本の金融資産（お金）をうまく使えば、欧米の政府や多国籍企業に対して、少なからず影響をあたえていくことが可能なのです。

グローバルなルール作りを日本が主導する

日本だけでグローバルなお金の流れを変えることはできません。経済のグロー

だカンパラ行動計画が採択された（小川［２００８年］）。12月に調印式が、10年２月に30カ国の批准を受けて同年８月に条約が発効した

クラスター爆弾（子爆弾の容器となる親爆弾 CBU24 と、子爆弾 BLU2）。ベトナム戦争中に米軍が投下した。死傷者の50％以上が子どもといわれている（ラオス）。

金融規制改革法：金融危機の再発防止に向け、アメリカで２０１０年７月に成立。コンゴ及びその周辺国で産出されたタンタルやスズなどの「紛争鉱物」を調達していないかどうかの報告を企業に義務付けた。同

バル化に伴って、世界規模で活動する企業の力はますます大きくなっています。たとえば、「国のお金」（GDP）と「企業の売上」を比べると、なんと上位100位のうちの半分以上が「企業」で、「国」よりもお金持ちな「企業」が、世界には多数あふれています。アフリカ52カ国のGDPの総額以上の売上を一社で稼いでいる企業がいくつも存在するのです。*

なかでも、金融市場は極端に肥大化しています。モノの生産やサービスの提供で利益を上げる企業に対して、金融業者は、「お金」を移動させることによって利益を上げます。この金融資本の移動は、1973年には4兆ドルでしたが、30年後の2004年には470兆ドルにまで膨れ上がりました。いま、金融資本市場は、実体経済（世界のGDPの合計）の3・6倍にも上っているのです。*

本来の金融の役割*を逸脱しているともいえるほど巨大化した金融業界の活動に対して、国際的に課税しようという試みがはじまっています。

94年、国連開発計画の『人間開発報告』の中で、途上国の貧困問題を解決する財源として通貨取引税（トービン税*）による税収が提案されました（UNDP）。この提案の導入は、金融業界や先進国の反対にあって進展していませんが、その後、ある特定の通貨取引に対してのみ0・005%の課税をする通貨取引開発税*が提案されました。

トービン税に比べれば非常に低い税率ですが、巨大化した外国為替市場におい

地域産でないばあいは、その調査プロセスを開示することも求められる。

*北沢洋子［2003年］19ページ

実体経済の規模：2003年後半の時点で世界の実体経済の規模（世界のGDPの合計額）は36兆ドル程度（3600兆円）であるのに対し、世界の金融資本市場（株式時価総額、債券残高、銀行融資残高の合計）の規模は130兆ドル（1京3000兆円）で、実体経済の約3・6倍となっている。（上村雄彦［2009年］99ページ）

本来の金融の役割：「世の中に偏在する資金を、それを必要とするところに回してあげて、富の生産に役立てるのが金融の本来的な姿」であり、「金融機関の手で広く集められたお金が生産のために使われ、できた製品を売って作ったお金が人びとの生活を支えて、再び金融機関に集まってくる。その中で金融機関はお金を動かす手間賃を頂くことも生業とする」（相田・宮本［2007年］386ページ）

トービン税：ノーベル経済学賞受賞者、ジェームズ・トービンが1972年に提案。すべての外国為替取引に0・5〜1%の課税をおこない、短期の投機的取引を抑制するという構想。90年代に再び脚光を浴

ては、莫大な税収を得ることができます。たとえば、アメリカやユーロ圏、日本など12カ国・地域が通貨取引開発税を実施すれば、350億7000万ドルの税収を得ることができると試算されています*。

日本でも、こうしたグローバルな経済活動に課税しようという動きが始まっています。日本の超党派の国会議員が「国際連帯税議連*」を設立し、通貨取引開発税の議論も進めています。また、専門家やNGOの実務者らを招いての勉強会もおこなわれています。

日本は、欧米諸国に世界のルール作りを任せるのではなく、こうしたグローバルなルール作りにもっと積極的に参加して、主導的な役割を果たしていくことがとても重要です。そのために活動する国会議員を応援したり、地元の国会議員さんに、こうした勉強会や活動に参加するように要請することも私たち市民にできることの一つです。

アフリカの自立と自治を支援する

過去50年間、欧米諸国は230兆円*もの援助マネーを使ってきましたが、欧米諸国からのこの莫大な援助や開発資金はアフリカの問題を改善するどころか、絶望的な混乱を招いています。

飢餓や貧困、紛争によって傷ついた人びとに対して人道的な援助をすること

びるようになったが、通貨取引税はすべての国が一斉に実施しないと効果的ではないなどの批判もあり、現在のところ実現可能性は高いとは言えない。（上村雄彦［2009年］198〜206ページ）

通貨取引開発税：トービン税とは異なり、ある特定の通貨に関わる外国為替取引に課税。税率を0・005%と極めて低く設定している。トービン税が提案された1970年代から外国為替市場の規模は、100倍以上に拡大しており、低い税率でも巨額の税収が見込め、その税収を途上国の開発資金などに充てることとしている。（上村雄彦［2009年］206〜213ページ）

＊上村雄彦［2009年］211ページ。

国際連帯税議連：2008年2月、国境を越える特定の経済活動に課税して、世界の貧困などグローバルな課題解決のための資金源とする「国際連帯税」を推進する目的に設立された日本の超党派の議員連盟。

230兆円：この額は、6000年前の縄文時代前期から、毎日、1億円を使い続けても、使いきれないほどの金額（Williams［2006年］）。

は、もちろん重要ですが、長期的には、このような状況に陥らないように環境を整備していくことがさらに重要です。飢餓や紛争が発生するリスクを抑えなければ、いつまでたってもアフリカの人びとは安心して生活できないからです。

いま、私たちがすべきことは、「アフリカの『自立』と『自治』を支援する」ことです。これまでのアフリカへの援助は、つねに「依存」を作り出してきました。アフリカ諸国は、欧米諸国に対して対等に外交することも、自国の政策を自分たちだけで決定することさえも困難な状況に置かれてきました。依存させておくことが援助する側（欧米諸国）にとっても都合がよかったからです。これからは、アフリカ人が自分たちの力で国民を養い、自分たちの意思で国を治められるような「国作り」のための援助が必要なのです。

老子の言葉*に「魚ではなく、魚の釣り方を教えるべきだ」という教えがありますが、これは、魚（援助）を与えても食べてしまえば、元の木阿弥、生きていくためには魚の釣り方（技術や能力）を身に付けさせることが必要だという教えです。長期的に見てそれが日本の国益*にもつながるのです。

独立後、アフリカ全体で一致団結して、資源と原料を搾取されるだけの先進国依存の経済から脱却を試み、「ラゴス行動計画」*もちあがりました。しかし、その直後、「構造調整プログラム」*という外部からもち込まれた政策によって、アフリカは、ますます先進国に依存しなければ生きていけないような状況に追い

老子の言葉：授人以魚　不如授人以漁

日本の国益：世界がますます相互に依存している現在、アフリカ諸国が自立的に安定することは、長期的に日本の国益にもつながる。権益確保のための援助（外交）は、いまの日本の援助規模から考えても非現実的で、それらが短期的な国益をもたらしたとしても、長期的にアフリカ諸国との信頼関係を構築できない。アフリカ人の多くは、欧米諸国からの援助が混乱を招いていることを知っており、援助の恩恵を受けている指導者層でさえも、本音で感謝しているとは思えない。日本がアフリカの国づくりを支え、アフリカ諸国から信頼されるパートナーとなることが、次世代の日本人にとって重要な国益となる。

ラゴス行動計画：1980年、アフリカ初の経済サミット（首脳会議）において採択された行動計画。「一次産品の輸出や先進国との貿易に依存することを減らして、アフリカ域内での貿易を増やすこと」などが決定された。その根底には、「植民地主義の負の遺産を背負い、独立後も欧米諸国に従属させられているのだ」という認識があった。

構造調整プログラム：ラゴス行動計画に対して、「アフリカの問題要因は、『先進国に従属させられていることではなく、アフリ

込まれました。

あらゆるものが相互関係をもつ世界で、他国にまったく依存しない国を作ることはできません。しかし、いまのアフリカ諸国のように極端に欧米諸国に依存した状態では、国民の暮らしを守るのに大きなリスクを伴います。資源や原料を先進国から買ってもらえなくなれば、国の経済は成り立たなくなります。また、国家財政を一部の先進国からの援助に依存しているかぎり、指導者たちは、「国民の顔」ではなく、一部の「欧米諸国の顔色」をうかがって、国の政治をおこないます。これは、アフリカの指導者にとって、ある意味やむをえない政治的選択です。

私たちは、アフリカの人びとを脅かしているあらゆるリスクを低減することに援助の最終目標を置くべきです。同時に、現実にあるさまざまなリスクに対応する能力（レジリエンス*）を人びとがもてるように支援していくことが重要です。

力の国内（政策）に問題があるのだ』という認識を基に、1980年代から世界銀行や国際通貨基金（ＩＭＦ）がアフリカ諸国に突きつけた政策。一言でいうと、「融資や援助の条件として、経済政策や国内予算の使い方の指導を受けること。そうすれば債務も返済できて貧困削減にもつながる」という提案。この提案を受け入れたアフリカ諸国は、「先進国で需要のある資源や原料などの一次産品の輸出を促進する」政策を進め、逆に国内の教育や保健医療への支出は削減した。その結果、アフリカ国内の貧しい人びとの生活はさらに苦しくなり、国の借金は膨らみ、先進国への経済的な依存度はますます高くなった。

レジリエンス：困難な状況に対して跳ね返す復元力・回復力。外部から「与えられる」力や能力ではなく、その人自身の中に既にある適応能力（回復力）のこと。一人ひとりがその能力を発揮し、使えるような「環境」を整備していくことが援助する側の役割。個々人の状況に応じて、精神的、社会的、経済的な安定を総合的に評価する視点が重要。そのためには、対象地域の文化や伝統などの地域性に着目し、本人が周囲との関係性を構築していけるように側面からサポートする支援体制が求められる。（池内秀行［2012年］）

Republic of Congo, Washington DC: Global Witness.
Government of Uganda [2007 年] "Peace, Recovery and Development Plan for Northern Uganda" Kampala: Government ofUganda
Hans Romkema [2007年] Opportunities and Constraints for The Disarmament & Repatriation of Foreign Groups in the Democratic Republic of Congo――The cases of the FDLR, Multi-country Disarmanent and Reintegration Progrum
Heike Behrend [1999年], Alice Lakwena & the Holy Sprits-War in Northern Uganda 1986-97, Kampala: Fountain Publishers.
Henri Me′dard & Shane Doyle ed. [2007 年] Slavery in the Great Lakes Region of East Africa, Kampala: Fountain Publishers.
Inkori, J.E. ed. [1982 年] Forced Migration: The impact of the Export of Slave on African Societies, London: Hutchinson University Library for Africa.
J.C. SSEKAMWA, [1997 年] History and Development of Education in Uganda, Kampala: Fountain Publishers.
Jean-Pierre Chre′tien [2006年] The Great Lakes of Africa: Two Thousand Years of History, New York: Zone Books.
J. Epelu-Opio [2009 年] Teso War 1986-1992――Causes and Consequences-, Kampala: Fountain Publishers.
John F. Clark ed. [2003年] The African Stakes of the Congo War, Kampala: Fountain Publishers.
Joseph Sebarenzi [2009 年] God Sleeps in Rwanda-A Jouney of Transformation-, New York: ATRIA Books
J.W. Nyakatura [1999 年] Abakama (Kings) of Bunyoro-Kitara――Abatembuzi Abachwezi Ababiito, Kisubi: Marianum Press.
Kennedy Agade Mkutu [2008 年] Guns & Governance in The Rift Valley Pastoralist Conflict & Small Arms, Bloomington & Indianapolis: Indiana University Press
René Lemarchand, [2009 年] The Dynamics of Violence in Central Africa, Philadelphia: University of Pennsylvania.
René Lemarchand, [1994 年] Burundi -Ethnic Conflict and Genocide-, New York and Cambridge: Wilson Center Press and the Press Syndicate of the University of Cambridge.
Richard Barltrop [2008 年] County Study Negotiating Disarmament -The Negotiation of Security Issues in the Burundi Peace Talks, Geneva: Center for Human Dialogue
Richard Reid [2007年] War in Pre-Colonial Eastern Africa――The Patterns & Meaning of State-Level Conflict in the Nineteenth Century, Nairobi: The British Institute in Eastern Africa.
Shingo Ogawa [2006 年] "Abduction, fear and pain" International Action Network on Small armsWomen′s Network (ed.), Survivors――Women Affected by Gun Violence Speak out, [2006 年]
Small Arms Survey [2004 年] Rights at Risk, a project of the Graduate Institute of International Studies Geneva, Oxford Univerity Press
Sophie Bessis [2002 年] Western Supremacy: The Triumph of an Idea, London: Zed book
Thomas Turner [2007 年] The Congo Wars Conflict, Myth & Reality, London: Zed Books.
UNDP [2002 年] Human Development Report 2002, New York: Oxford University Press
U.S. Geological Survey [2002～2011 年] Mineral Commodity Summaries2002-2011, Washington: U.S Department of the Interior, U.S. Geological Survey
United Nations Human Rights Office of the High Commissioner, [2010年] UN-Mapping-Report-on-Congo-1993-2003――Report of the Mapping Exercise documenting the most serious violations of human rights and international humanitarian law committed within the territory of the Democratic Republic of the Congo between March 1993 and June 2003 (http://www.ohchr.org/en/Countries/AfricaRegion/Pages/RDCProjetMapping.aspx より 2011 年 12 月 1 日ダウンロード)
Virgil Hawkins [2008年] Stealth Conflicts -How the World's Worst Violence Is Ignored-, Hampshire: AshgatePublishing
William Easterly [2006年] "The White Man's Burden : Why the West's Efforts to Aid the Rest Have Done So Much Ill and So Little Good" N.Y：Penguin Group
デビアス社：http://www.debeersgroup.com
アングロ・ゴールド・アシャンティ：http://www.anglogold.com
UNOCHA [2010 年] http://unocha.org/
The Economist [2010 年] The UN mapping report -A final draft from the UN- Oct 4th 2010：http://www.economist.com/blogs/baobab/2010/10/un_mapping_report
The Economist [2010 年] Accusations against Rwanda, Aug 27th 2010：http://www.economist.com/blogs/baobab/2010/08/congo_and_rwanda
特定非営利活動法人地雷廃絶日本キャンペーン (JCBL)：http://www.jcbl-ngo.org/
MOTTAINAI キャンペーン：http://mottainai.info/
Cluster Munition Coalition (CMC)：http://www.stopclustermunitions.org/the-problem/
社団法人全国信用金庫協会：http://www.shinkin.org/

独立行政法人物質・材料研究機構［2008年］『わが国の都市鉱山は世界有数の資源国に匹敵』2008年1月11日プレスリリース（http://www.nims.go.jp/news/press/2008/01/p200801110.html より2012年1月30日ダウンロード）
宮本正興・松田素二 編［1997年］『新書アフリカ史』講談社現代新書
峯陽一［2007年］『現代アフリカと開発経済学——市場経済の荒波の中で』日本評論社
吉田栄一［2003年］「ウガンダ軍のコンゴ内戦派兵とその資源収奪について——紛争地資源のつくるコモディティ・チェーン」（『アフリカレポート＜36号＞』日本貿易振興機構アジア経済研究所、2003年所収）
吉田昌夫［1978年］『アフリカ現代史II——東アフリカ』山川出版社
米川正子［2010年］『世界最悪の紛争「コンゴ」——平和以外に何でもある国』創成社
NHK「アフリカ」プロジェクト［2002年］『アフリカ21世紀——内戦・越境・隔離の果てに』日本放送出版協会
アマルティア・セン（大門毅 監訳、東郷えりか 訳）［2011年］『アイデンティティと暴力——運命は幻想である』(勁草書房)
イマニュエル・ウォーラーステイン（山下範久 訳）［2008年］『ヨーロッパ的普遍主義——近代世界システムにおける構造的暴力と権力の修辞学』明石書店
エリック・E・ウィリアムズ（山本伸 訳）［2004年］『資本主義と奴隷制——経済史から見た黒人奴隷制の発生と崩壊』明石書店
エリック・E・ウィリアムズ（中山毅 訳）［1968年］『奴隷生と資本主義——ニグロ史とイギリス経済史』理論社
エリック・E・ウィリアムズ（田中浩 訳）［1999年］『帝国主義と知識人——イギリスの歴史家たちと西インド諸島』岩波書店
オコト・ビデック（北村美都穂 訳）［2002年］『ラウィノの歌／オチョルの歌』新評論
キャサリン・ホスキンス（土屋哲 訳）［1965年］『コンゴ独立史』みすず書房、1966年
グレゴリー・クラーク（久保恵美子 訳）［2009年］『10万年の世界経済史＜上・下巻＞』日経BP社
ジェフリー・ジョーンズ［2007年］『イギリス多国籍銀行史—1830～2000』日本経済評論社
ジャン・ペイルルヴァッド（林昌宏 訳、宇野彰洋、山田雅敏 監修）［2007年］『世界を壊す金融資本主義』NTT出版
ジョージ・M・フレデリクソン（李孝徳 訳）［2009年］『人種主義の歴史』みすず書房
ニキ・ヴァン・デ・ガーグ（森下麻衣子 訳）［2008年］『シリーズ・モノから見える世界の現実①——ダイヤモンドはほんとうに美しいのか？』合同出版
パトリス・ルムンバ（榊利夫 訳・編）［1961年］『息子よ未来は美しい』理論社
ピーター・W・シンガー（小林由香利 訳）［2005年］『子ども兵の戦争』日本放送出版協会
ピーター・フォーバス（田中昌太郎 訳）［1980年］『コンゴ河』草思社
マックス・ホルクハイマー、テオドール・M・アドルノ（徳永恂 訳）［1947年］『啓蒙の弁証法—哲学的断想』岩波文庫、2007年
ミシェル・ボー（筆宝康之、勝俣誠 訳）［1996年］『資本主義の世界史——1500～1995』藤原書店
レイチェル・ブレット、マーガレット・マカリン（渡井里佳子 訳）［2002年］『世界の子ども兵——見えない子どもたち』新評論
Adam Hochschild [1998年] King Leopold' s Ghost: A Story of Greed, Terror, and Heroism in Colonial Africa, New York: Houghton Mifflin Company.
Benson Okello [2002年] A History of East Africa, Kampala: Fountain Publishers.
Coalition to Stop the use of Child soldiers [2008年] Child Soldiers Global Report 2008, London: Coalition to Stop the use of Child soldiers
Colin McEvedy and Richard Jones [1978年] "Atlas of World Population History," Facts on File, New York
Control Arms Campaign [2004年] Guns or Growth——Assessing the impact of arms sales on sustainable development, London: Amnesty International, the International Action Network on Small Arms, and Oxfam International)」
Daniela Kroslak [2007年] The Role of France in the Rwandan Genocide, United Kingdom: C. Hurst & Co. Ltd..
David Lee Schoenbrun [1998年] A Green Place, A Good Place: Agrarian Change, Gender, and Social Identity in the Great Lake Region to the 15th Century, Kampala: Fountain Publishers.
Derluyn I. et Al [2004年] "Post-traumatic stress in former Ugandan child soldiers" ,The Lancet, March 13, 2004, Vol 363
Edgar O'balance [2007年] The Secret War in the Sudan, Nineteen Fifty-Five to Nineteen Seventy Two, Kampala: Shoe String.
E.D. Mushemeza [2007年] The Politics and Empowerment of Banyarwanda Refugees in Uganda 1959-2001, Kampala: Fountain Publishers.
E.S. Atieno Odhiambo, T.I. Ouso, J.F.M. Williams, ed. [2006年] A History of East Africa, Essex: Longman.
Global Witness. [2004年] Same Old Story　——A Background Study on Natural Resources in the Democratic

●引用・参考文献

相原正道［2007年］『携帯から「金」をつくる』ダイヤモンド社

阿部浩己［2010年］『国際法の暴力を超えて』岩波書店

池内秀行［2012年］『ウガンダ支援再構築資料』（特活）テラ・ルネッサンス事業評価資料より

井上信一［2007年］『セセ・ココ・モブツ物語』新風舎

植村邦彦［2001年］『「近代」を支える思想——市民社会・世界史・ナショナリズム』ナカニシヤ出版

上村雄彦［2009年］『グローバル・タックスの可能性——持続可能な福祉社会のガヴァナンスをめざして』ミネルヴァ書房

榎本珠良［2011年］「「反政府ゲリラ」LRA（神の抵抗軍）とその歴史」（吉田昌夫、白石壮一郎 共編『ウガンダを知るための53章』明石書店、2011年所収）

遠藤貢［2008年］「崩壊国家のジレンマ」（高橋哲哉、山影進 編『人間の安全保障』東京大学出版会、2008年所収）

大津司郎［2010年］『African Blood Rare Metal——94年ルワンダ虐殺から現在へと続く『虐殺の道』無双舎

小川真吾［2009年］「クラスター爆弾カンパラ地域会合報告」（地雷廃絶日本キャンペーン（JCBL）『JCBLニュースレター、[2009年]、JCBL、所収』）

小川真吾［2011年］「北部の人々から見た外国人の援助——欧米的「援助」に翻弄される人々」（吉田昌夫、白石壮一郎 共編『ウガンダを知るための53章』明石書店、2011年所収）

小川真吾［2011年］「子ども兵の社会復帰——北部における平和・復興・開発計画」（吉田昌夫、白石壮一郎 共編『ウガンダを知るための53章』明石書店、2011年所収）

小田英郎［1986年］『アフリカ現代史III——中部アフリカ』山川出版社

鬼丸昌也［2009年］『こうして僕は世界を変えるために一歩を踏み出した』こう書房

鬼丸昌也・小川真吾［2005年］『僕は13歳、職業、兵士——僕たちの村で戦争が起こったら』合同出版

掛谷誠［1994年］「焼畑農耕社会と平準化機構」（大塚柳太郎 編『講座地球に生きる3、資源への文化適応』雄山閣、1994年所収）

川北稔［2010年］『イギリス近代史講義』講談社現代新書

川端正久・武内進一・落合雄彦編［2010］『紛争解決　アフリカの経験と展望』ミネルヴァ書房

北沢洋子［2003年］『利潤か人間か—グローバル化の実態と新しい社会運動』コモンズ

栗本英世［1996年］『民族紛争を生きる人々——現代アフリカの国家とマイノリティ』世界思想社

栗本英世［2006年］「ジョン・ガランにおける「個人支配」の研究序説」（佐藤章 編『アフリカの「個人支配」再考』調査報告書、アジア経済研究所、2006年所収）

白戸圭一［2009年］『ルポ資源大陸アフリカ』東洋経済新報社

武内進一［2009年］『現代アフリカの紛争と国家——ポストコロニアル家産制国家とルワンダ・ジェノサイド』明石書店

竹原美佳［2010年］『ウガンダ／コンゴ民主共和国：動き出すアルバートリフト盆地』独立行政法人石油天然ガス・金属鉱物資源機構（http://www.jogmec.go.jp/ より2011年12月19日ダウンロード）

田中優［2003年］『戦争をしなくてすむ世界をつくる30の方法』合同出版

田中優［2011年］『原発に頼らない社会へこうすれば電力問題も温暖化も解決できる』武田ランダムハウスジャパン

谷口正次［2005年］『入門・資源危機国益と地球益のジレンマ』新評論

谷口正次［2009年］『コンゴ民主共和国から手を引く欧州企業』日経BP社（http://eco.nikkeibp.co.jp/article/column/20091021/102437/ より2012年1月30日ダウンロード）

地域研究コンソーシアム「地域研究」編集委員会編［2009年］『地域研究＜9巻1号＞』昭和堂

寺嶋秀明［2002年］『森に生きる人——アフリカ熱帯雨林とピグミー』小峰書店

富田正史［2001年］『エミン・パシャと「アフリカ分割」の時代』第三書館

富田正史［2002年］『スーダン——もう一つのテロ支援国家』第三書館

中津孝司［2006年］『アフリカ世界を読む』創成社

永原陽子編［2009年］『植民地責任論——脱植民地化の比較史』青木書店

夏木碧［2005年］『武器の規制と人間の安全保障—「コントロール・アームズ」日本キャンペーン　レポート』Oxfam Japan

西水美恵子［2009年］『国を作るという仕事』英治出版

二宮健二編、［2006年］『データブックオブ・ザ・ワールド——世界各国要覧と最新統計〈2006版〉』二宮書房

平野克己［2009年］『アフリカ問題——開発と援助の世界史』日本評論社

藤永茂［2006年］『「闇の奥」の奥——コンラッド・植民地主義・アフリカの重荷』三交社

独立行政法人石油天然ガス・金属鉱物資源機構［2007年］『スーダン：スーダンの石油開発を巡る新たな動き』（http://www.jogmec.go.jp/ より2011年12月19日ダウンロード）

ごあんない

◎特定非営利活動法人テラ・ルネッサンスについて

Terra Renaissance

特定非営利活動法人テラ・ルネッサンスは、「すべての生命が安心して生活できる社会の実現」を目的に2001年10月に設立された団体です。設立目的をめざして、地雷、小型武器、子ども兵という3つの平和に関する課題に対して、現場での国際協力と同時に国内での啓発・提言活動を行うことによって「問題解決」に向けた活動をおこなっています。活動地域は、カンボジア王国、ラオス人民民主共和国、ウガンダ共和国、コンゴ民主共和国、日本の5カ国。設立以来、カンボジアでの地雷除去支援、ラオスでの不発弾除去支援、ウガンダやコンゴ民主共和国での元・子ども兵の社会復帰支援、小型武器の不法取引規制キャンペーン、日本国内での平和教育に取り組んでいます。

◎1日約30円で、支えることのできる「いのち」がある。

ファンクラブ会員募集

テラ・ルネッサンスでは、一口1000円／月から始められるファンクラブ会員への登録をお願いしています。みなさまから頂いた会費は、アフリカをはじめとする国内外での取り組みに活用しています。1日約30円で、ウガンダやコンゴでの元子ども兵の社会復帰などを支えることができます。ぜひ、この機会に、ファンクラブ会員として、立ち上がろうとするアフリカの人々と共に歩んでいきませんか。ファンクラブ会員への登録ご希望の方は、テラ・ルネッサンスまで電話やメールでご連絡くださいませ。折り返し、詳しい資料をお送りいたします。また、公式ウェブサイト（http://www.terra-r.jp）では、クレジットカードによる入会も可能です。

◎捨てるまえに、チェック。リサイクルで社会貢献

テラ・ルネッサンスでは、書き損じはがき、使用済みインクカートリッジ、中古本、中古DVDや中古携帯電話などを集めています。それらを適正な手段を通じて換金して、国内外での活動に活用しています。全国各地で、学校やPTA、企業、労働組合、ご家庭で「気軽にできる社会貢献活動」として、取り組みが広がっています。詳しい資料をご準備していますので、テラ・ルネッサンス事務局までお問い合わせください。

お問い合わせ

〒600-8191
京都府京都市下京区五条高倉角堺町21番地
jimukinoueda bldg. 403号室
TEL：075-741-8786
メール：contact@terra-r.jp
ホームページ：http://www.terra-r.jp
Facebook：http://www.facebook.com/terra.ngo

■著者紹介

小川真吾 (おがわ・しんご)

特定非営利活動法人テラ・ルネッサンス理事長

1975 年和歌山県生まれ。

学生時代、カルカッタでマザーテレサの臨終に遭遇したのをきっかけに、マザーテレサの施設でボランティア活動に参加。国際協力や NGO の活動を本格的にはじめる。

大学卒業後は、青年海外協力隊員としてハンガリーに派遣され、旧ユーゴ諸国とのスポーツを通した平和親善活動などに取り組む。

帰国後、カナダ留学を経て国内の NGO でパキスタンでの緊急支援、アフガニスタンの復興支援活動などに従事。

2005 年よりテラ・ルネッサンスのアフリカ駐在代表として、ウガンダ及びコンゴ民主共和国における元子ども兵士社会復帰プロジェクトに取り組む。2011 年に帰国し、現在は世界 40 カ国を訪問した体験をもとに平和、国際協力、アフリカをテーマに講演・執筆活動をおこなっている。

●主な共著書

『ぼくは 13 歳　職業、兵士。——あなたが戦争のある村で生まれたら』(合同出版、2005 年)

『ウガンダを知るための 53 章』（明石書店、2012 年）

■装幀＝守谷義明＋六月舎

ぼくらのアフリカに
戦争がなくならないのはなぜ？

2012 年 4 月 10 日　第 1 刷発行
2023 年 2 月 20 日　第 5 刷発行

著　者　小川　真吾
発行者　坂上　美樹
発行所　合同出版株式会社
東京都小金井市関野町 1-6-10
郵便番号　184-0001
電話　042(401)2930
振替　00180-9-65422
ホームページ　http://www.godo-shuppan.co.jp/

印刷・製本　新灯印刷株式会社

■刊行図書リストを無料進呈いたします。
■落丁乱丁の際はお取り換えいたします。

ISBN978-4-7726-1055-1　NDC319　210 × 148